꾸미고 키우는 스퀴시북 종이놀이

소워니놀이터의

스퀴시북
꾸키 놀이

조윤성(소워니놀이터) 저 / 김연수 그림

소워니

소워니놀이터의 **소워니**

시워니

소워니 남동생, 시워니

소시지&햄찌

소시지

햄찌

소워니 시워니 지킴이인 '소시지'와
통통한 볼살이 귀여운 햄스터 '햄찌'

토깽이&몽실이

☆ 토깽이

☆ 몽실이

쫑긋 하트 귀가 사랑스러운 토끼, '토깽이'와
솜사탕을 닮은 순수한 강아지, '몽실이'

냥냥이&토토

냥냥이

토토

핑크와 보라가 돋보이는 매력적인 고양이, '냥냥이'와
언제나 웃고 있는 해맑은 곰, '토토'

안녕하세요. 소워니놀이터의 소워니, 시워니 엄마입니다.
'소워니놀이터의 스퀴시북 꾸키 놀이'로 인사드립니다.

스퀴시북은 코팅한 도안 사이에 솜을 넣어서 만든 말랑, 폭신한 놀이책이에요. 도안을 가위질하고 테이프를 붙여 만드는 과정을 통해 소근육 발달과 집중력을 키울 수 있어요. 자신의 힘으로 직접 만든 놀이책은 완성 후 성취감을 느낄 수 있답니다.

'소워니놀이터의 스퀴시북 꾸키 놀이'에는 꾸미고 키우는 테마의 스퀴시북 도안이 10종 수록되어 있어요.

'꾸미기' 놀이는 소품을 떼었다 붙였다 하며 자유롭게 꾸밀 수 있어서 재미는 물론이고 상상력과 창의력을 키울 수 있어요. 소스 뚜껑, 냉장고 문 열기 등 사물들을 이용해 입체적으로 놀이할 수 있어요.

'키우기' 놀이는 역할놀이를 하기에 적합한 놀이에요. 보호자의 역할을 하며 책임감을 배우고 자신이 할 일과 상대방에게 해야 하는 일을 알게 되며 감정을 놀이로 표현할 수 있어요. 역할놀이는 스스로 판단하여 의사 결정을 하면서 문제 해결력을 기르는 데 도움을 줍니다.

실감 나는 놀이를 위해 디테일한 요소를 넣다 보니 크기가 작은 소품 도안이 있어요. 작은 소품 도안은 투명 테이프로 양면 코팅하면 놀이하기가 훨씬 편해요. 도안마다 안내된 코팅 방법을 꼭 참고해서 만드시는 걸 권장해요.

'소워니놀이터의 스퀴시북 꾸키 놀이'가 태블릿, 스마트폰을 잠시 내려놓게 하는 건전한 취미가 되길 바랍니다. 감사합니다.

조윤성(소워니놀이터)

같이 꾸키 놀이 할
친구들을 소개합니다

소워니놀이터 소워니♥

♥ 소워니 ♥

성격 친절함 / 리더십
취미 역할놀이
♥컬러 핑크색

〈좌우명〉
핑크는 사랑이다

소워니의 남동생 시워니♥

♥ 시워니 ♥

성격 세심함 / 활발함
취미 수집하기
♥컬러 민트색

〈좌우명〉
어떤 물건이든 쓸모가 있다!

소워니놀이터 구독자 애칭,
소워니 시워니 지킴이♥

♥소시지♥

성격 의리 / 사랑스러움
취미 소워니놀이터
유튜브 영상 보기
♥**컬러** 빨간색

〈좌우명〉
소워니, 시워니는 내가 지킨다!

통통한 볼살이
귀여운 햄스터♥

♥햄찌♥

성격 느긋함 / 예리함
취미 먹고 또 먹기
♥**컬러** 노란색

〈좌우명〉
맛있게 먹으면 0kcal

쫑긋 하트 귀가
사랑스러운 토끼♥

♥ 토깽이 ♥

성격 성실함 / 부지런함
취미 당근 먹기
♥컬러 주황색

〈좌우명〉
자급자족 최고!

솜사탕을 닮은
순수한 강아지♥

♥ 몽실이 ♥

성격 용맹함 / 호기심 많음
취미 사진 찍기
♥컬러 딸기색

〈좌우명〉
남는 건 사진이다!

핑크와 보라가 돋보이는
매력적인 고양이♥

♥ 냥냥이 ♥

성격 상냥함 / 긍정적
취미 요리하기
♥컬러 보라색

〈좌우명〉
음식을 남기지 말자!

언제나 웃고 있는
해맑은 곰♥

♥ 토토 ♥

성격 장난꾸러기 / 쾌활
취미 꿀벌 옷 입기
♥컬러 초코색

〈좌우명〉
인생은 달콤해!

C O N T E N T S

PART 1 꾸미고 키우고! **꾸키 놀이 준비하기**

PART 2 꾸미고 키우고! **꾸키 놀이 만들기 방법**

PART 1

꾸미고 키우고!
꾸키 놀이
준비하기

1 만들기 전 필요한 도구와 재료를 소개합니다!

✔준비물

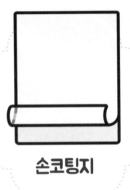

손코팅지

투명 박스 테이프

풀 테이프

얇은 투명 테이프

솜

가위

칼

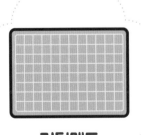

커팅매트

풀

도안 코팅하기

• 손코팅지

코팅지의 보호 필름을 벗기고 접착력이 있는 부분을 도안에 붙여요.
코팅지가 잘 밀착되도록 손으로 밀어줍니다.

손코팅지 (앞면코팅)

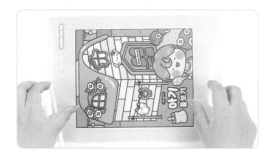

손코팅지 (양면코팅)

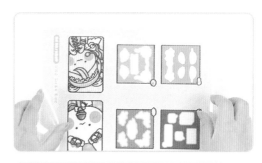

★ 단면 코팅을 할 때는 앞면만 코팅
지를 붙이입니다.

★ 양면 코팅을 할 때는 앞면과 뒷면
에 코팅지를 붙여요.

• 투명 박스 테이프

작은 소품이나 구부려야 하는 잠금 도안은 투명 박스 테이프로 양면 코팅을 해요.

박스 테이프 (양면코팅)

도안 오리기

• 가위

도안의 흰색 선이나 검은색 선을 따라 도안을 오려요.

검은색 선 오리기

하얀색 선 오리기

★ 검은색 선을 오리면 보다 더 깔끔
하게 표현할 수 있어요.

★ 흰색 선을 따라 오리면 가위질을
더 쉽게 할 수 있어요.

• 커터칼

소품이 들어갈 수 있도록 칼로 도안을 오려줘요.

★ 도안 뒷면에 실선으로 표시해 두었지만 앞면을 보고 칼로 그어야 더 정확하게 오려져요.

칼로 오리기

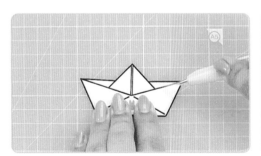

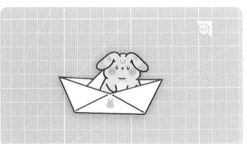

도안 뗐다 붙였다 하기

• 양면테이프

소품을 떼었다 붙였다 할 수 있도록 도안 뒷면의 회색 상자에 양면테이프를 붙여요.

양면테이프

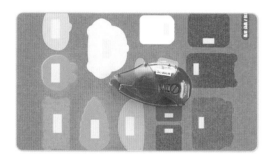

♥ 만들기 기호를 소개합니다! ♥

기호	이름	사용법
————	실선	테두리의 검은색 실선을 따라 가위로 오려요. 가위질이 서툴다면 하얀색 실선을 따라 오려도 좋아요.
- - - - - - - - -	점선	점선을 따라 칼로 오려요. 도안 앞면을 보고 오리면 더 깔끔하게 오려져요.
▬	회색 상자	양면테이프를 붙여요. 잠금 도안에는 양면테이프 대신 벨크로를 붙여도 돼요.
A+ A	알파벳	같은 알파벳끼리 맞대어 스퀴시를 만들어요.
●	솜	솜을 넣어야 하는 부분이에요.
🏠	투명 그림	투명 그림에 해당하는 도안을 테이프로 조립해요. 떼었다 붙였다 하는 소품도 투명 그림으로 표시되어 있어요

PART 2

꾸미고 키우고!
꾸키 놀이 만드는 방법

달콤 소프트콘 콘테스트

어떤
아이스크림이
제일 맛있어
보여?

1

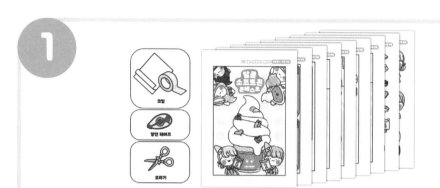

달콤 소프트콘 콘테스트 도안을 코팅하고
양면테이프를 붙인 다음 가위로 오려서 준비해요.

2

아이스크림 덮개 도안을 테이프로 연결해요.

3

옆면 도안 뒷면에 풀칠을 하고 D, D+기호끼리 포개어 붙여요.

4

뒷면에 C 기호가 있는 책 도안에 잠금 도안을 테이프로 붙여요.

5

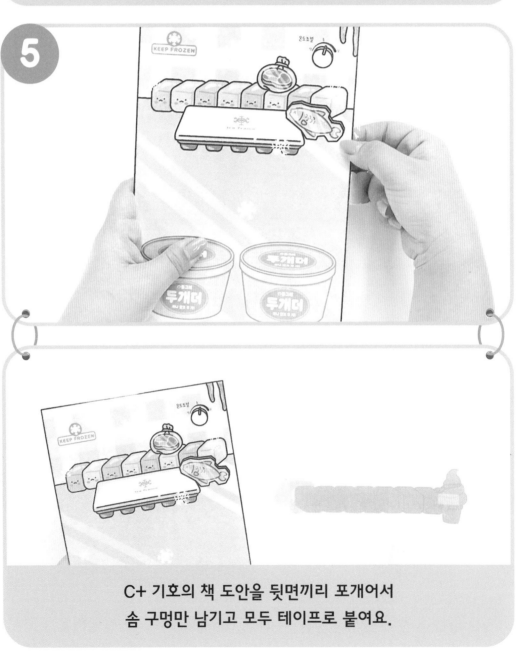

C+ 기호의 책 도안을 뒷면끼리 포개어서
솜 구멍만 남기고 모두 테이프로 붙여요.

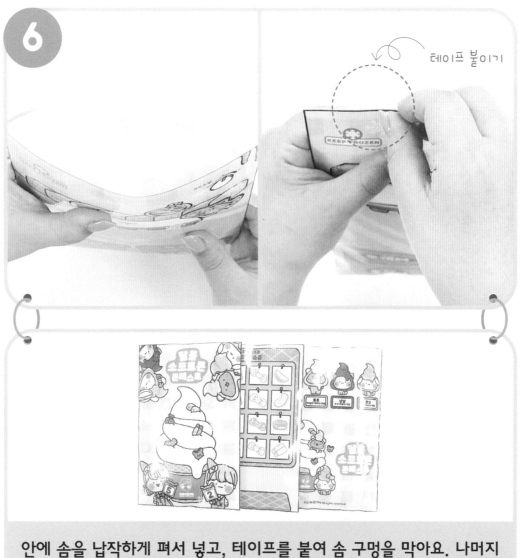

테이프 붙이기

안에 솜을 납작하게 펴서 넣고, 테이프를 붙여 솜 구멍을 막아요. 나머지 책 도안도 뒷면 기호가 같은 것끼리 포개어서 스퀴시를 만들어요.

Tip 솜을 너무 많이 넣으면 잘 터지기 때문에 적당히 넣어야 해요.

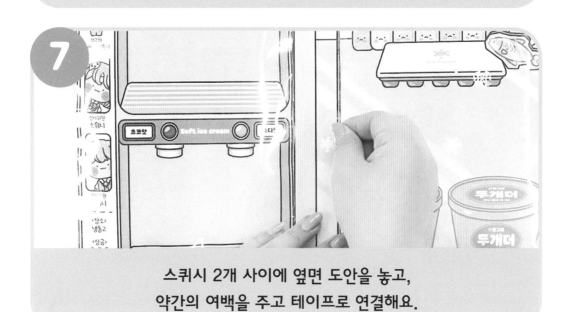

스퀴시 2개 사이에 옆면 도안을 놓고,
약간의 여백을 주고 테이프로 연결해요.

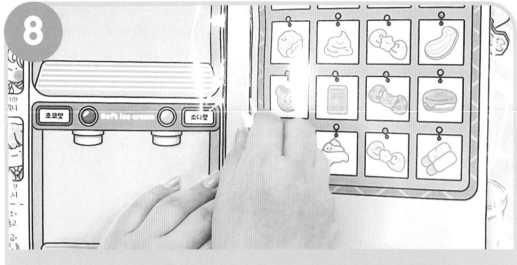

나머지 스퀴시는 옆면 가운데에 놓고 테이프로 연결해요.

책 겉에도 테이프를 붙여 더 튼튼하게 만들어요.

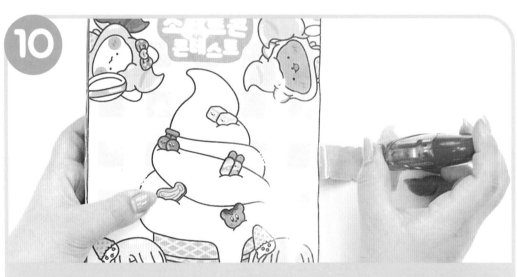

잠금 도안에 양면테이프나 벨크로를 붙여 열고 닫을 수 있도록 만들어요.

두개더 심사대 도안을 위치에 놓고 아래쪽만 테이프로 붙여요.

스퀴시북에 소품들을 정리해요.

오늘 밤
주인공은
나야, 나!

1

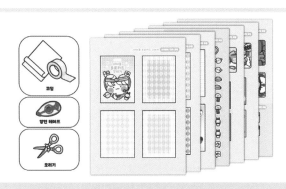

아이돌 포토카드 꾸미기 도안을 코팅하고
양면테이프를 붙인 다음 가위로 오려서 준비해요.

2

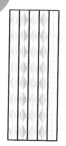  

옆면 도안 뒷면에 풀칠을 하고 G, G+ 기호끼리 포개어 붙여요.

3

뒷면에 F 기호가 있는 책 도안에 잠금 도안을 테이프로 붙여요.

4

F+ 기호의 책 도안을 뒷면끼리 포개어서
솜 구멍만 남기고 모두 테이프를 붙여요.

5

테이프 붙이기

안에 솜을 납작하게 펴서 넣고, 테이프를 붙여 솜 구멍을 막아요. 나머지 책 도안도 뒷면 기호가 같은 것끼리 포개어서 스퀴시를 만들어요.

Tip 솜을 너무 많이 넣으면 잘 터지기 때문에 적당히 넣어야 해요.

6

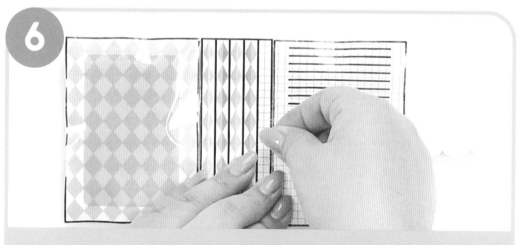

스퀴시 2개 사이에 옆면 도안을 놓고,
약간의 여백을 주고 테이프로 연결해요.

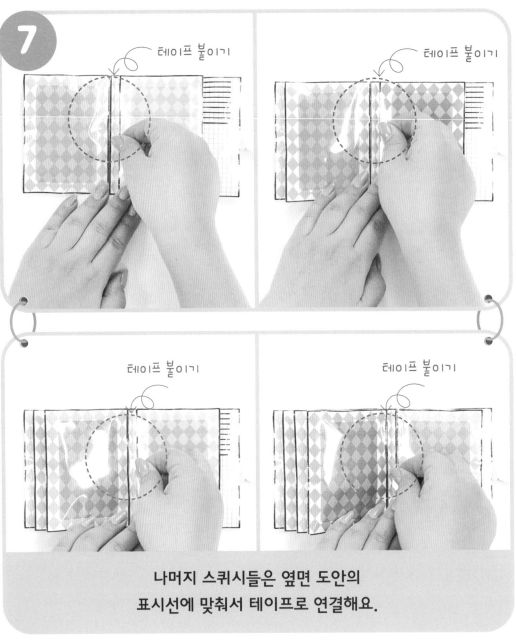

나머지 스퀴시들은 옆면 도안의
표시선에 맞춰서 테이프로 연결해요.

책 겉에도 테이프를 붙여 더 튼튼하게 만들어요.

9

잠금 도안에 양면테이프나 벨크로를 붙여 열고 닫을 수 있도록 만들어요.

10

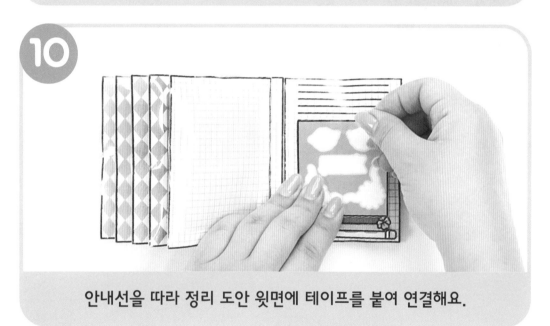

안내선을 따라 정리 도안 윗면에 테이프를 붙여 연결해요.

11

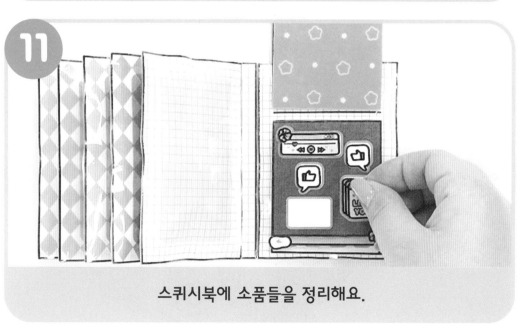

스퀴시북에 소품들을 정리해요.

반짝반짝 스타일링

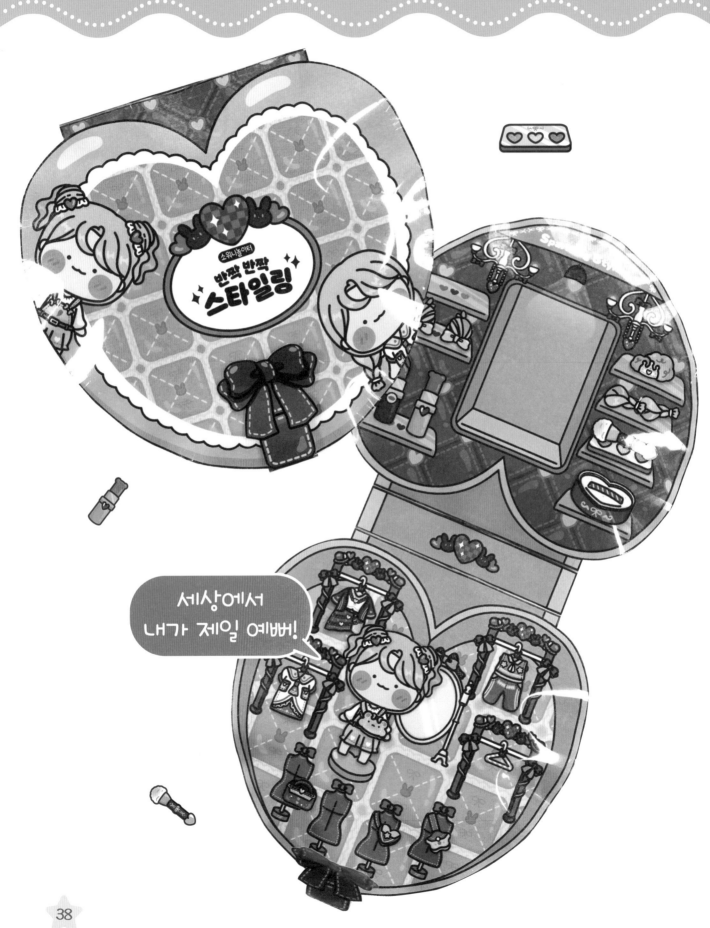

만드는 방법
HOW TO MAKE

1

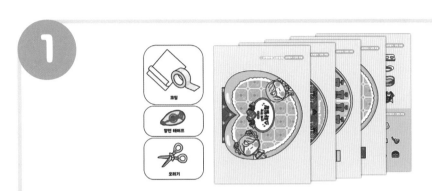

반짝반짝 스타일링 도안을 코팅하고
양면테이프를 붙인 다음 가위로 오려서 준비해요.

2

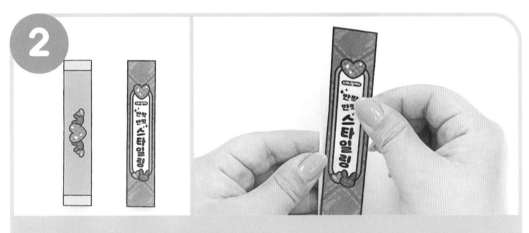

옆면 도안 뒷면에 풀칠을 하고 C, C+ 기호끼리 포개어 붙여요.

3

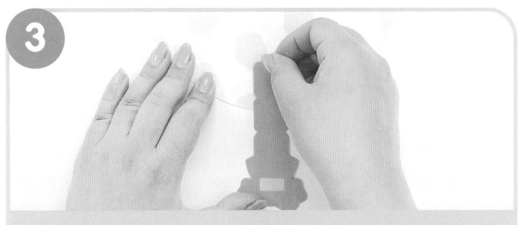

뒷면에 B 기호가 있는 책 도안에 잠금 도안을 테이프로 붙여요.

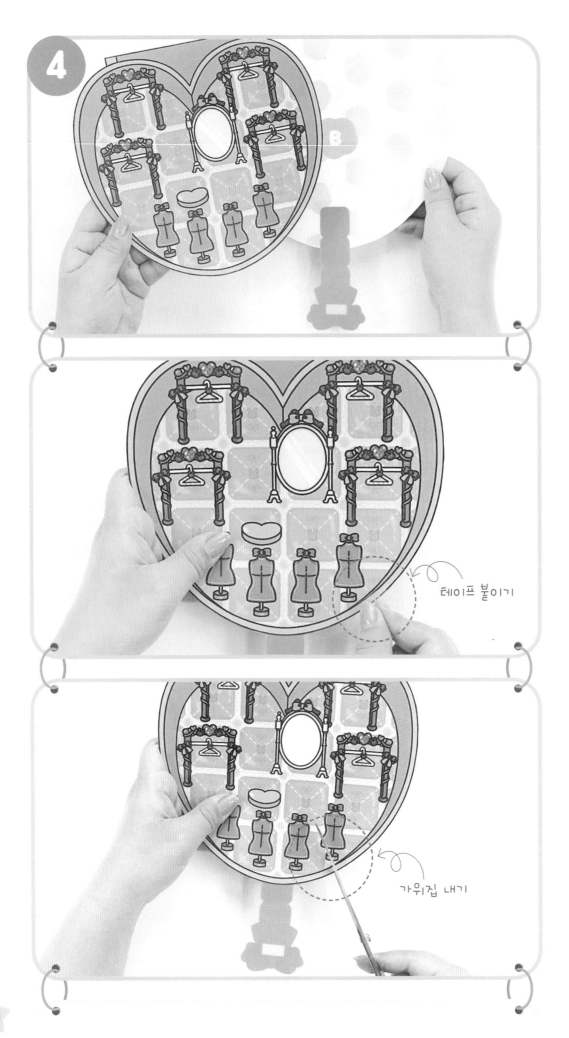

테이프 붙이기

가위집 내기

B+ 기호의 책 도안을 뒷면끼리 포개어서
솜 구멍만 남기고 모두 테이프를 붙여요.

Tip 굴곡이 있는 부분은 테이프에 가위집을 내어 붙여요.

5

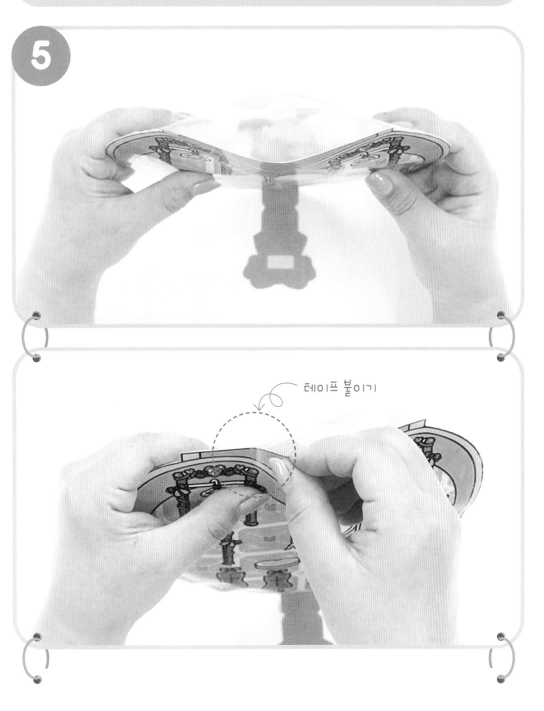

테이프 붙이기

안에 솜을 납작하게 펴서 넣고, 테이프를 붙여 솜 구멍을 막아요. 나머지 책 도안도 뒷면 기호가 같은 것끼리 포개어서 스퀴시를 만들어요.

Tip 솜을 너무 많이 넣으면 잘 터지기 때문에 적당히 넣어야 해요.

6

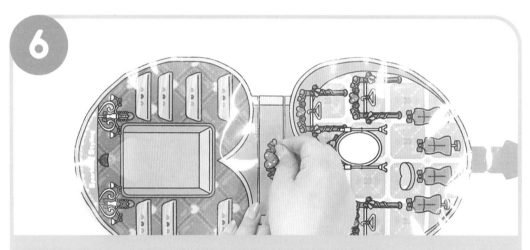

스퀴시 2개 사이에 옆면 도안을 놓고,
약간의 여백을 주고 테이프로 연결해요.

7

책 겉에도 테이프를 붙여 더 튼튼하게 만들어요.

8

잠금 도안에 양면테이프나 벨크로를
붙여 열고 닫을 수 있도록 만들어요.

9

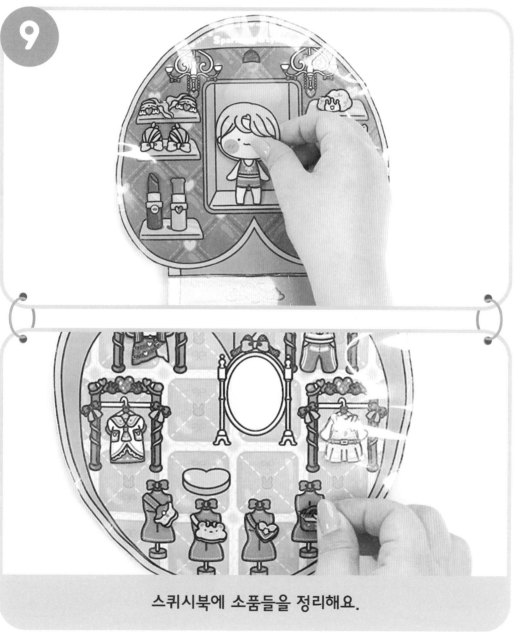

스퀴시북에 소품들을 정리해요.

사과주스 집 꾸미기

1

사과주스 집 꾸미기 도안을 코팅하고
양면테이프를 붙인 다음 가위로 오려서 준비해요.

2

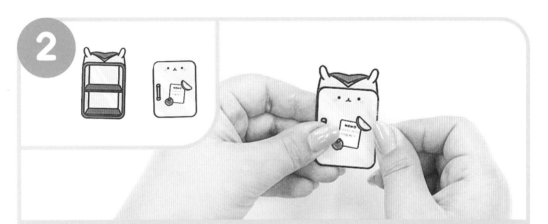

냉장고 문 도안을 위치에 놓고 오른쪽만 테이프로 붙여 연결해요.

3

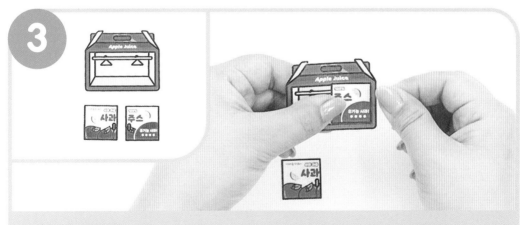

옷장 문 도안을 위치에 놓고 양옆을 테이프로 붙여 연결해요.

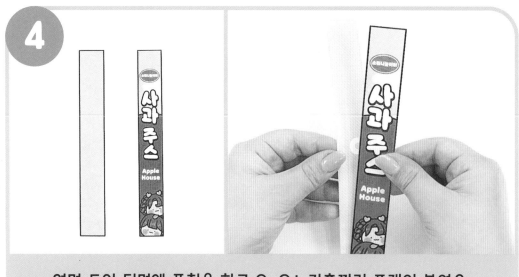

4 옆면 도안 뒷면에 풀칠을 하고 C, C+ 기호끼리 포개어 붙여요.

5 뒷면에 B 기호가 있는 책 도안에 잠금 도안을 테이프로 붙여요.

6

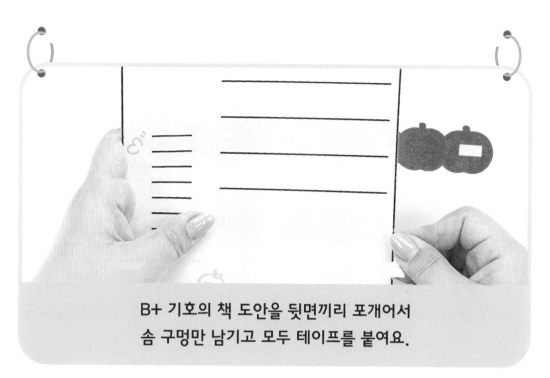

B+ 기호의 책 도안을 뒷면끼리 포개어서
솜 구멍만 남기고 모두 테이프를 붙여요.

테이프 붙이기

안에 솜을 납작하게 펴서 넣고, 테이프를 붙여 솜 구멍을 막아요. 나머지 책 도안도 뒷면 기호가 같은 것끼리 포개어서 스퀴시를 만들어요.

Tip 솜을 너무 많이 넣으면 잘 터지기 때문에 적당히 넣어야 해요.

8

스퀴시 2개 사이에 옆면 도안을 놓고,
약간의 여백을 주고 테이프로 연결해요.

9

책 겉에도 테이프를 붙여 더 튼튼하게 만들어요.

10

잠금 도안에 양면테이프나 벨크로를 붙여
열고 닫을 수 있도록 만들어요.

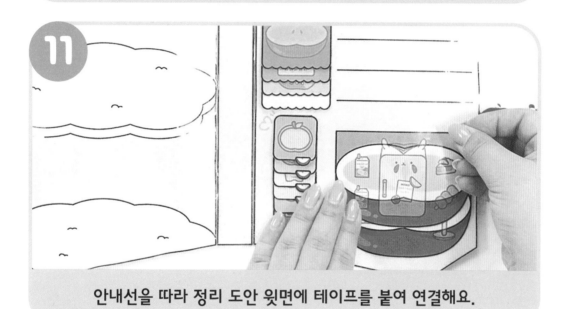

11

안내선을 따라 정리 도안 윗면에 테이프를 붙여 연결해요.

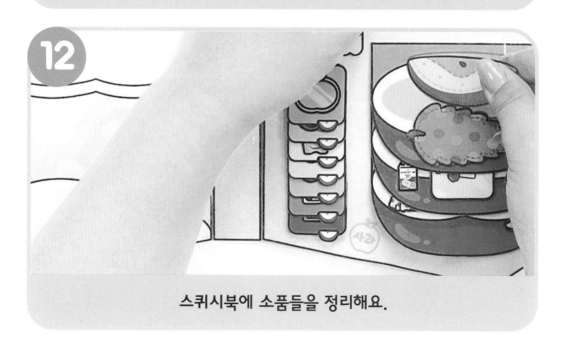

12

스퀴시북에 소품들을 정리해요.

천사&악마 마을 꾸미기

우리가 살 마을을 꾸며줄래?

1

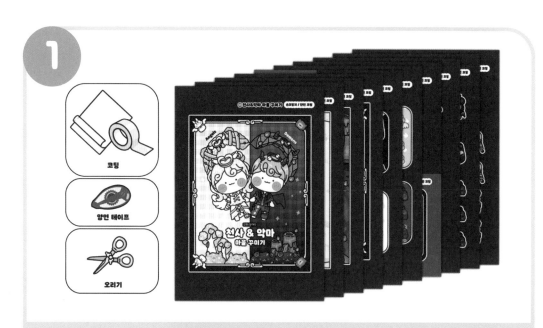

천사&악마 마을 꾸미기 도안을 코팅하고 양면테이프를 붙인 다음
가위로 오려서 준비해요.

2

테이프로
연결하기

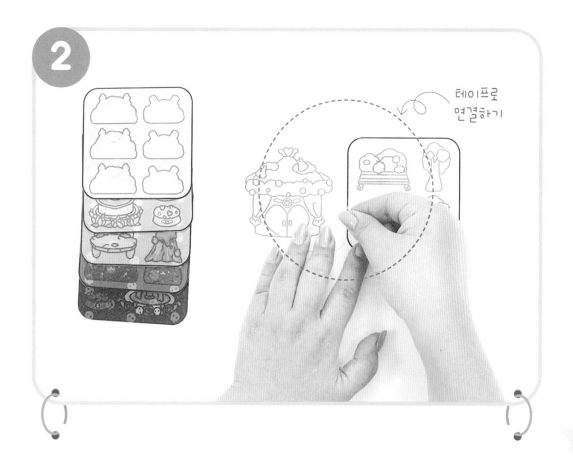

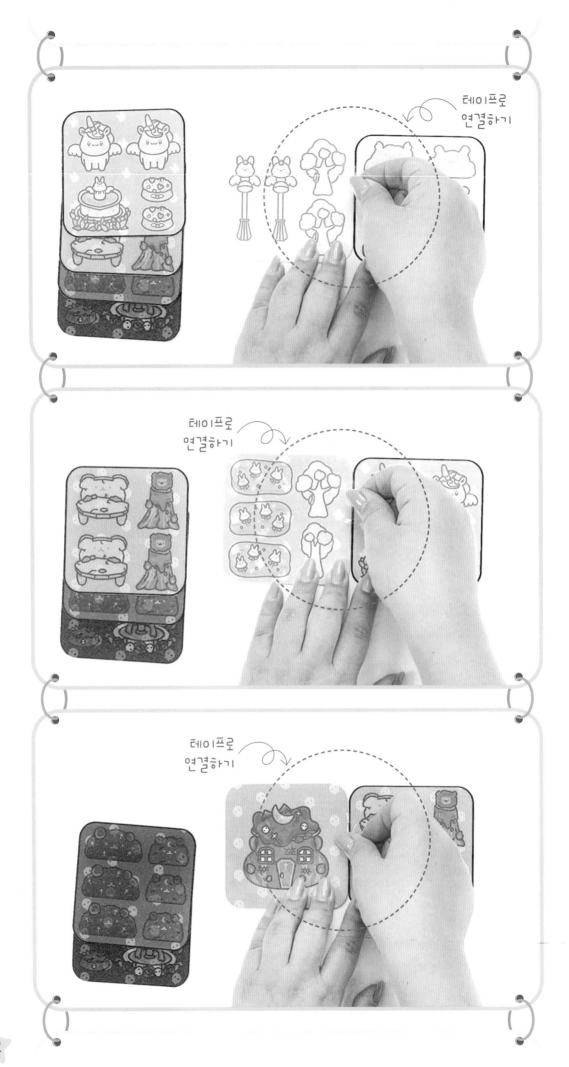

테이프로
연결하기

테이프로
연결하기

테이프로
연결하기

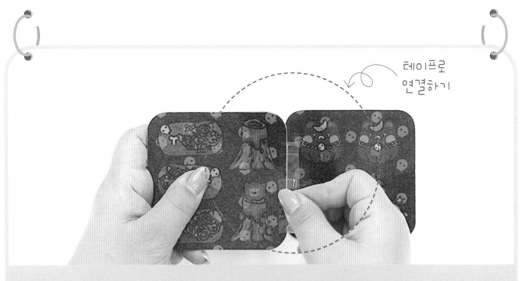

미니북 도안을 테이프로 연결해요.

미니북 도안 겉에도 테이프를 붙여 더 튼튼하게 만들어요.

3

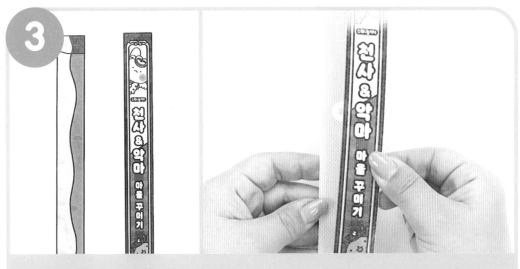

옆면 도안 뒷면에 풀칠을 하고 C, C+ 기호끼리 포개어 붙여요.

4

뒷면에 B 기호가 있는 책 도안에 잠금 도안을 테이프로 붙여요.

B+ 기호의 책 도안을 뒷면끼리 포개어서
솜 구멍만 남기고 모두 테이프를 붙여요.

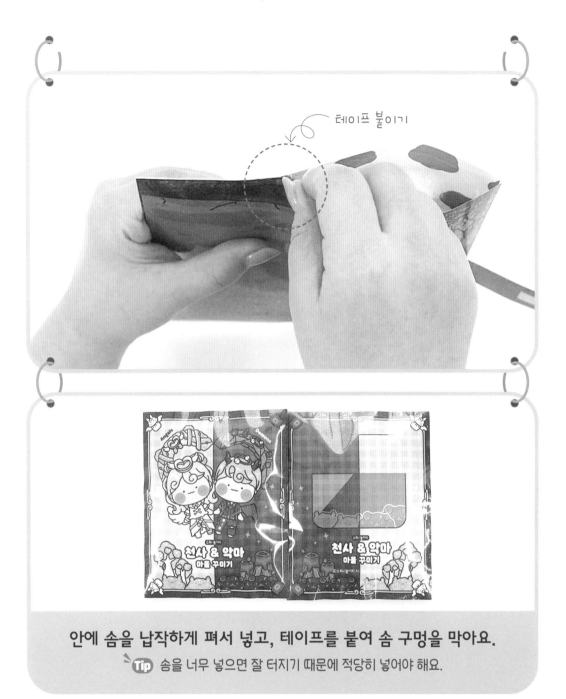

테이프 붙이기

안에 솜을 납작하게 펴서 넣고, 테이프를 붙여 솜 구멍을 막아요.

Tip 솜을 너무 넣으면 잘 터지기 때문에 적당히 넣어야 해요.

7

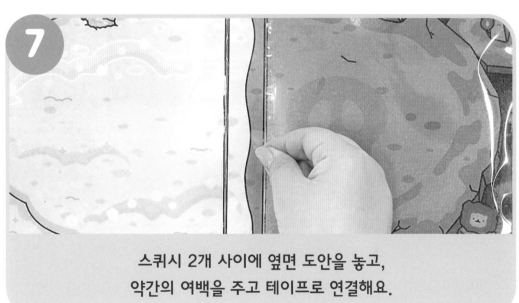

스퀴시 2개 사이에 옆면 도안을 놓고,
약간의 여백을 주고 테이프로 연결해요.

8

책 겉에도 테이프를 붙여 더 튼튼하게 만들어요.

9

잠금 도안에 양면테이프나 벨크로를 붙여 열고 닫을 수 있도록 만들어요.

10

미니북 보관함 도안을 위치에 놓고 양옆과 아랫면에 테이프를 붙여요.

11

미니북 보관함 덮개 도안을 안내선에 맞추고 윗면에 테이프를 붙여요.

12

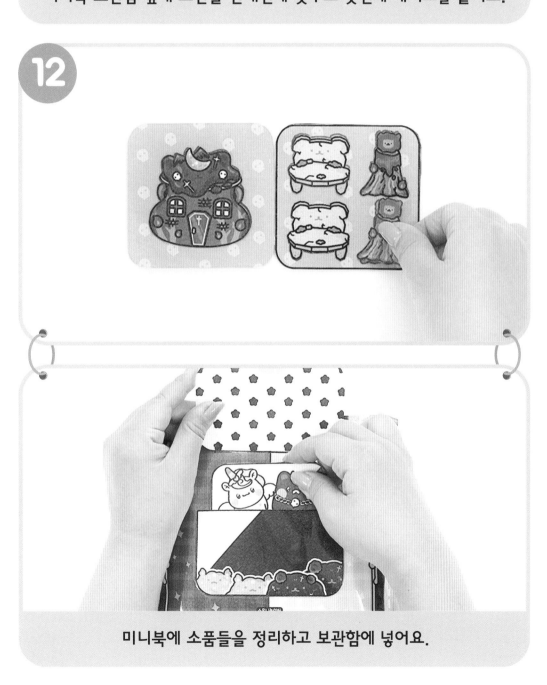

미니북에 소품들을 정리하고 보관함에 넣어요.

딸기우유 토끼 키우기

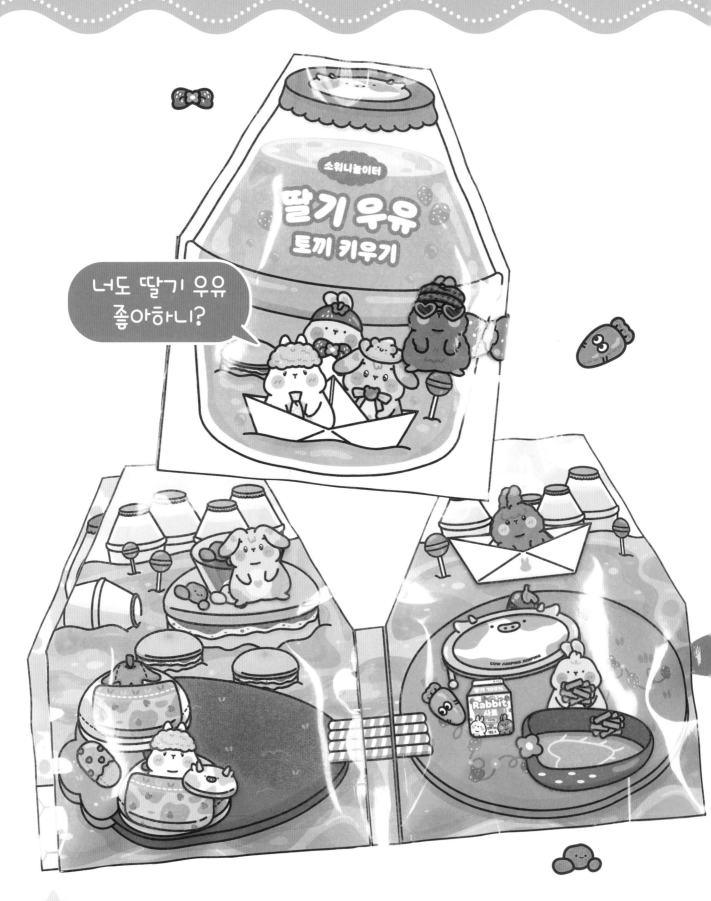

1

딸기우유 토끼 키우기 도안을 코팅하고
양면테이프를 붙인 다음 가위로 오려서 준비해요.

2

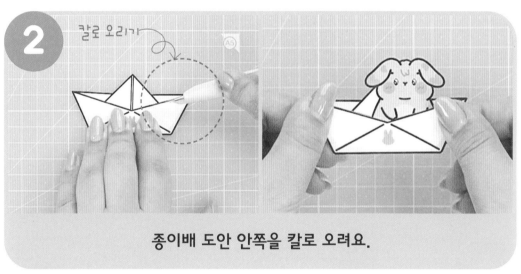

종이배 도안 안쪽을 칼로 오려요.

3

사료 봉투 도안을 테이프로 연결하고
열고 닫을 수 있도록 양면테이프를 붙여요.

4

옆면 도안 뒷면에 풀칠을 하고 D, D+ 기호끼리 포개어 붙여요.

5

뒷면에 C 기호가 있는 책 도안에 잠금 도안을 테이프로 붙여요.

6

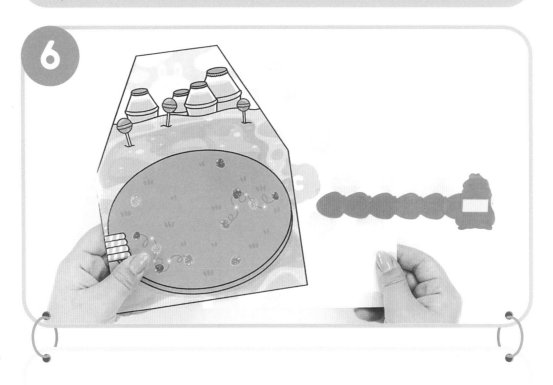

C+ 기호의 책 도안을 뒷면끼리 포개어서
솜 구멍만 남기고 모두 테이프를 붙여요.

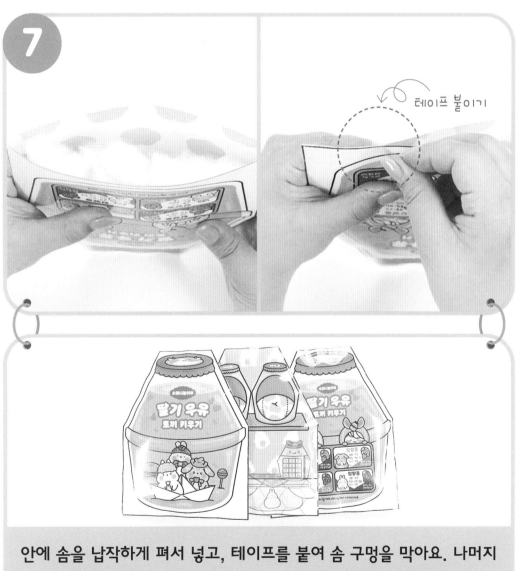

테이프 붙이기

안에 솜을 납작하게 펴서 넣고, 테이프를 붙여 솜 구멍을 막아요. 나머지
책 도안도 뒷면 기호가 같은 것끼리 포개어서 스퀴시를 만들어요.

Tip 솜을 너무 많이 넣으면 잘 터지기 때문에 적당히 넣어야 해요.

스퀴시 2개 사이에 옆면 도안을 놓고,
약간의 여백을 주고 테이프로 연결해요.

나머지 스퀴시는 옆면 가운데에 놓고 테이프로 연결해요.

책 겉에도 테이프를 붙여 더 튼튼하게 만들어요.

잠금 도안에 양면테이프나 벨크로를 붙여
열고 닫을 수 있도록 만들어요.

계산대 도안을 위치에 놓고 아래쪽만 테이프로 붙여요.

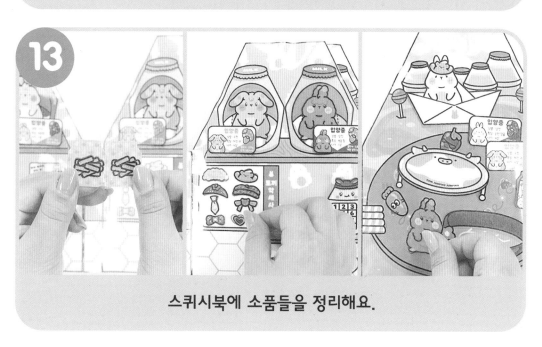

스퀴시북에 소품들을 정리해요.

귀염뽀짝 애완돌 키우기

따뜻하게 쓰다듬어 주는 걸 좋아해!

1

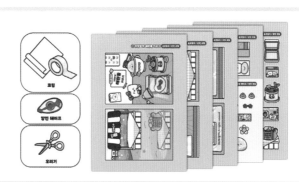

귀염뽀짝 애완돌 키우기 도안을 코팅하고
양면테이프를 붙인 다음 가위로 오려서 준비해요.

2

돌 보관 박스 도안, 화분 화장실 도안 안쪽을 칼로 오려요.

3

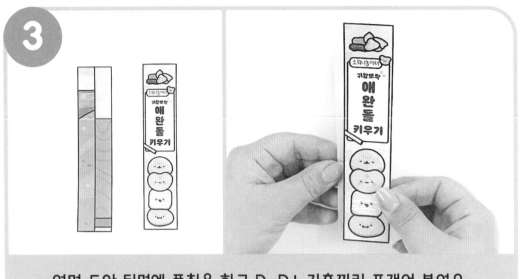

옆면 도안 뒷면에 풀칠을 하고 D, D+ 기호끼리 포개어 붙여요.

4

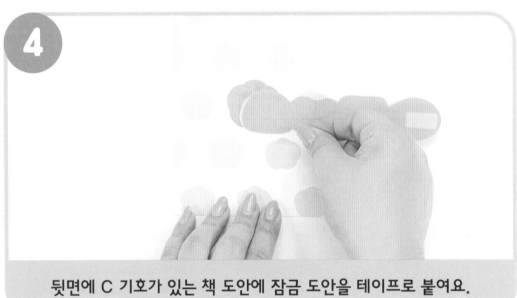

뒷면에 C 기호가 있는 책 도안에 잠금 도안을 테이프로 붙여요.

5

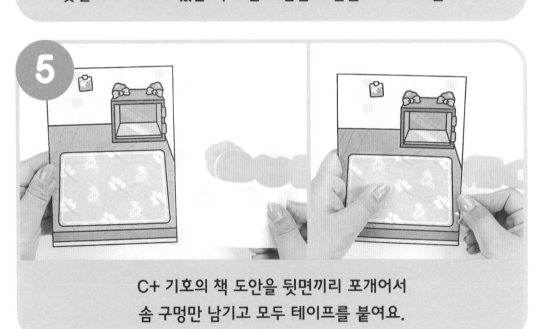

C+ 기호의 책 도안을 뒷면끼리 포개어서
솜 구멍만 남기고 모두 테이프를 붙여요.

6

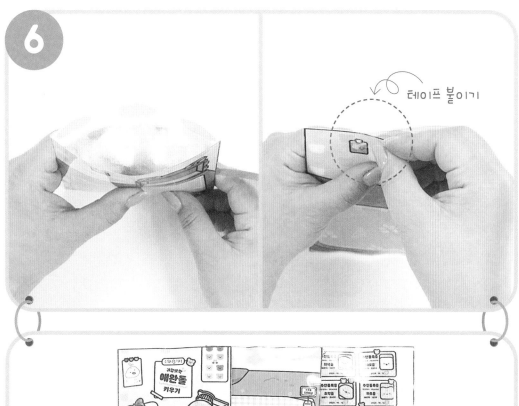

테이프 붙이기

안에 솜을 납작하게 펴서 넣고, 테이프를 붙여 솜 구멍을 막아요. 나머지
책 도안도 뒷면 기호가 같은 것끼리 포개어서 스퀴시를 만들어요.

Tip 솜을 너무 많이 넣으면 잘 터지기 때문에 적당히 넣어야 해요.

7

스퀴시 2개 사이에 옆면 도안을 놓고,
약간의 여백을 주고 테이프로 연결해요.

8

나머지 스퀴시는 옆면 가운데에 놓고 테이프로 연결해요.

9

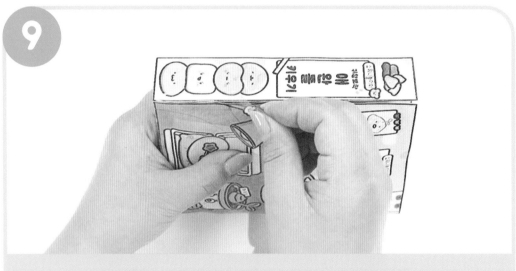

책 겉에도 테이프를 붙여 더 튼튼하게 만들어요.

10

잠금 도안에 양면테이프나 벨크로를 붙여
열고 닫을 수 있도록 만들어요.

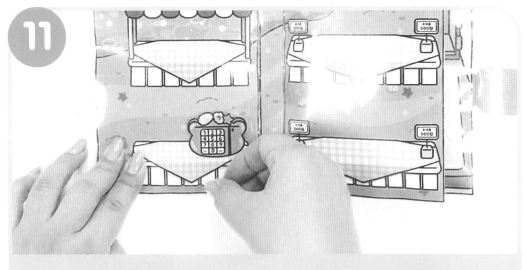

11

계산대 도안을 위치에 놓고 아래쪽만 테이프로 붙여요.

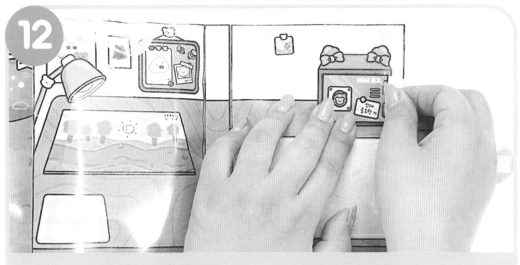

12

미니 금고 문을 위치에 놓고 오른쪽만 테이프로 붙여요.

13

스퀴시북에 소품들을 정리해요.

삐약삐약 병아리 키우기

1

삐약삐약 병아리 키우기 도안을 코팅하고
양면테이프를 붙인 다음 가위로 오려서 준비해요.

2

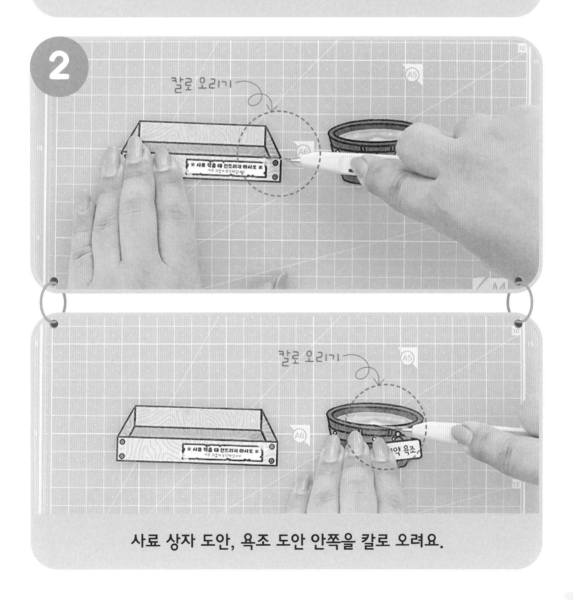

칼로 오리기

칼로 오리기

사료 상자 도안, 욕조 도안 안쪽을 칼로 오려요.

3

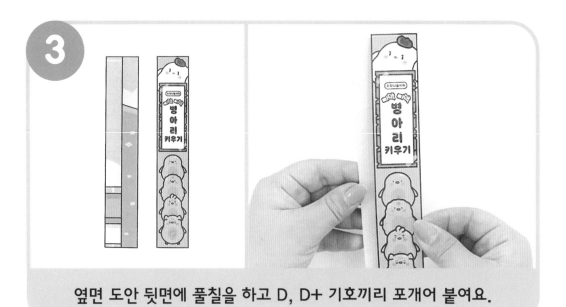

옆면 도안 뒷면에 풀칠을 하고 D, D+ 기호끼리 포개어 붙여요.

4

뒷면에 C 기호가 있는 책 도안에 잠금 도안을 테이프로 붙여요.

5

C+ 기호의 책 도안을 뒷면끼리 포개어서
솜 구멍만 남기고 모두 테이프를 붙여요.

6

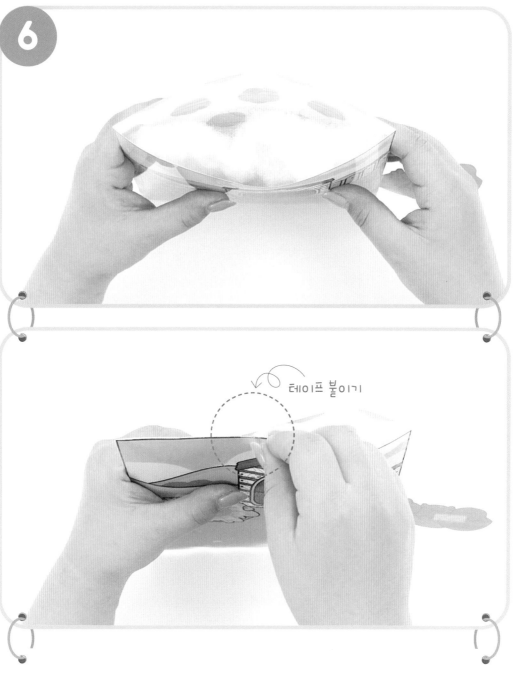

테이프 붙이기

안에 솜을 납작하게 펴서 넣고, 테이프를 붙여 솜 구멍을 막아요. 나머지 책 도안도 뒷면 기호가 같은 것끼리 포개어서 스퀴시를 만들어요.

Tip 솜을 너무 많이 넣으면 잘 터지기 때문에 적당히 넣어야 해요.

7

스퀴시 2개 사이에 옆면 도안을 놓고,
약간의 여백을 주고 테이프로 연결해요.

8

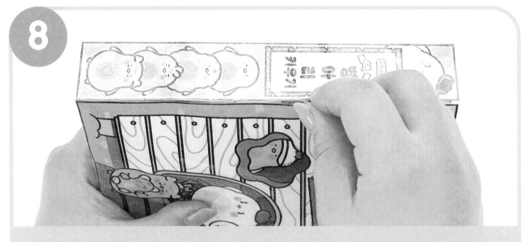

나머지 스퀴시는 옆면 가운데에 놓고 테이프로 연결해요.
책 겉에도 테이프를 붙여 더 튼튼하게 만들어요.

9

잠금 도안에 양면테이프나 벨크로를 붙여
열고 닫을 수 있도록 만들어요.

10

스퀴시북에 소품들을 정리해요.

만드는 방법
HOW TO MAKE

1

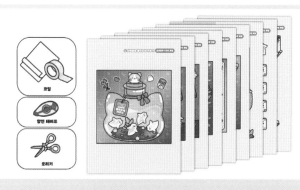

신비로운 클리오네 키우기 도안을 코팅하고
양면테이프를 붙인 다음 가위로 오려서 준비해요.

2

옆면 도안 뒷면에 풀칠을 하고 D, D+ 기호끼리 포개어 붙여요.

3

뒷면에 C 기호가 있는 책 도안에 잠금 도안을 테이프로 붙여요.

4

C+ 기호의 책 도안을 뒷면끼리 포개어서
솜 구멍만 남기고 모두 테이프를 붙여요.

5

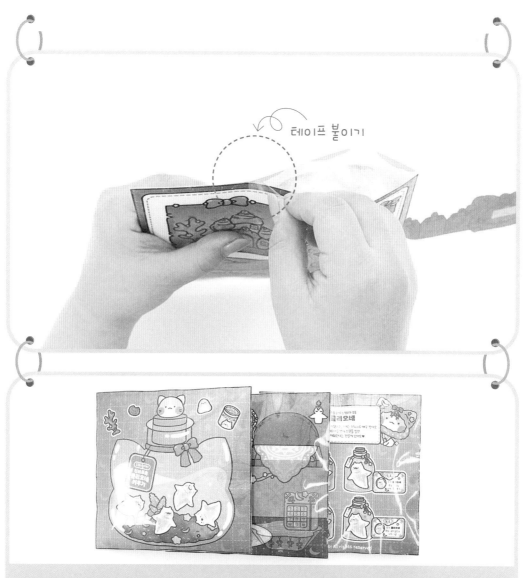

테이프 붙이기

안에 솜을 납작하게 펴서 넣고, 테이프를 붙여 솜 구멍을 막아요. 나머지 책 도안도 뒷면 기호가 같은 것끼리 포개어서 스퀴시를 만들어요.

Tip 솜을 너무 많이 넣으면 잘 터지기 때문에 적당히 넣어야 해요.

스퀴시 2개 사이에 옆면 도안을 놓고,
약간의 여백을 주고 테이프로 연결해요.

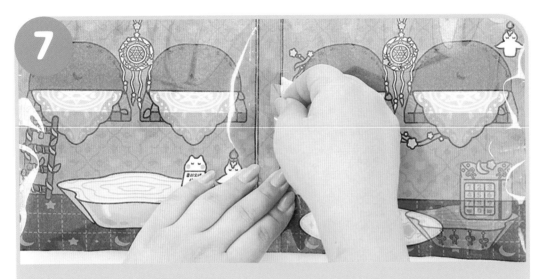

7

나머지 스퀴시는 옆면 가운데에 놓고 테이프로 연결해요.

8

책 겉에도 테이프를 붙여 더 튼튼하게 만들어요.

9

잠금 도안에 양면테이프나 벨크로를 붙여
열고 닫을 수 있도록 만들어요.

10

계산대 도안을 위치에 놓고 아래쪽만 테이프로 붙여요.

11

스퀴시북에 소품들을 정리해요.

아기 돌보기

만드는 방법
HOW TO MAKE

1

아기 돌보기 도안을 코팅하고
양면테이프를 붙인 다음 가위로 오려서 준비해요.

2

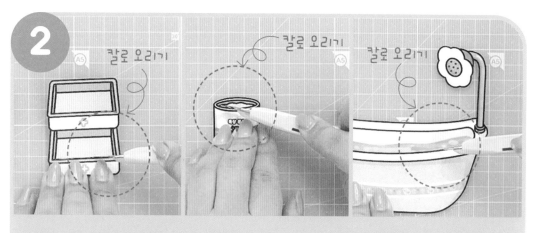

장난감 보관함 도안, 약 보관함, 분유, 욕조 도안 안쪽을 칼로 오려요.

3

옆면 도안 뒷면에 풀칠을 하고 D, D+ 기호끼리 포개어 붙여요.

4

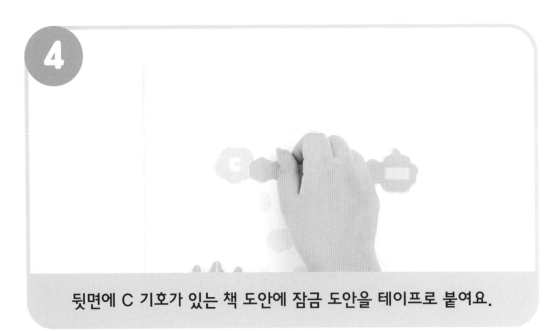

뒷면에 C 기호가 있는 책 도안에 잠금 도안을 테이프로 붙여요.

5

C+ 기호의 책 도안을 뒷면끼리 포개어서
솜 구멍만 남기고 모두 테이프를 붙여요.

6

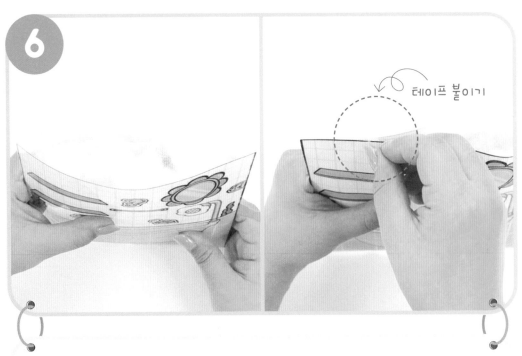

테이프 붙이기

안에 솜을 납작하게 펴서 넣고, 테이프를 붙여 솜 구멍을 막아요. 나머지 책 도안도 뒷면 기호가 같은 것끼리 포개어서 스퀴시를 만들어요.

Tip 솜을 너무 많이 넣으면 잘 터지기 때문에 적당히 넣어야 해요.

7

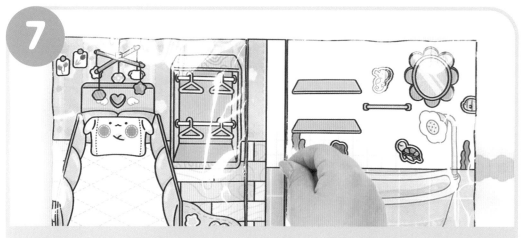

스퀴시 2개 사이에 옆면 도안을 놓고,
약간의 여백을 주고 테이프로 연결해요.

8

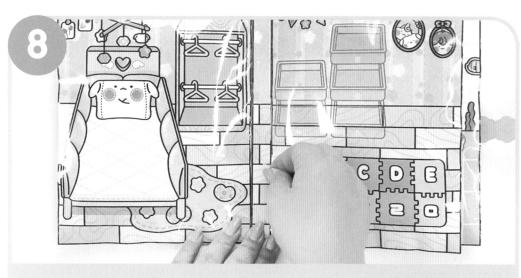

나머지 스퀴시는 옆면 가운데에 놓고 테이프로 연결해요.

9

책 겉에도 테이프를 붙여 더 튼튼하게 만들어요.

10

잠금 도안에 양면테이프나 벨크로를 붙여
열고 닫을 수 있도록 만들어요.

11

테이프 붙이기

테이프 붙이기

보관함 도안을 위치에 놓고 윗면과 아랫면을 테이프로 붙여요.

식탁 도안을 위치에 놓고 양옆을 테이프로 붙여요.

욕조 도안을 위치에 놓고 양옆과 아랫면을 테이프로 붙여요.

스퀴시북에 소품들을 정리해요.

PART 3

스퀴시북 꾸키 놀이 도안

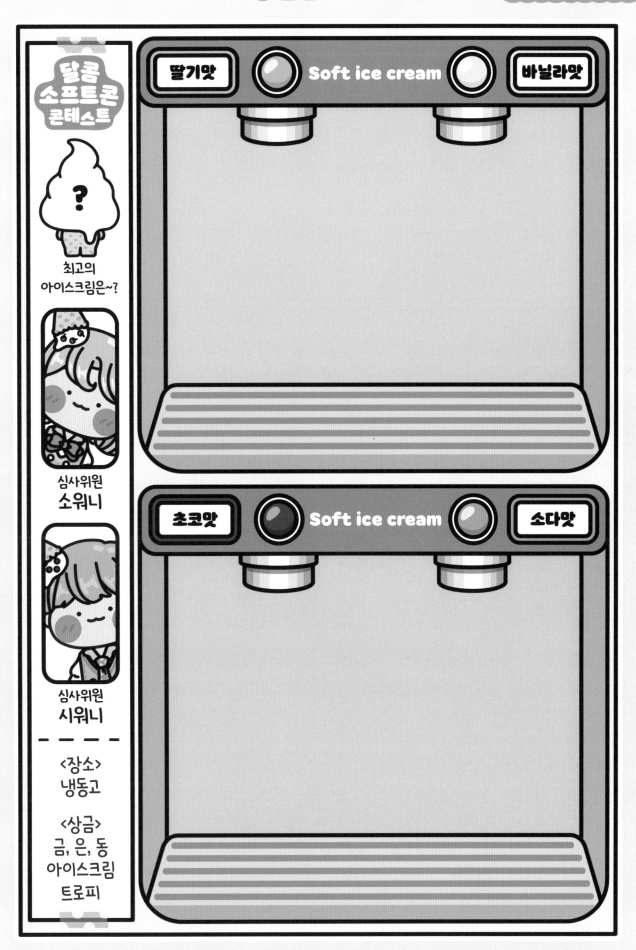

달콤 소프트콘
꾸미기 소품

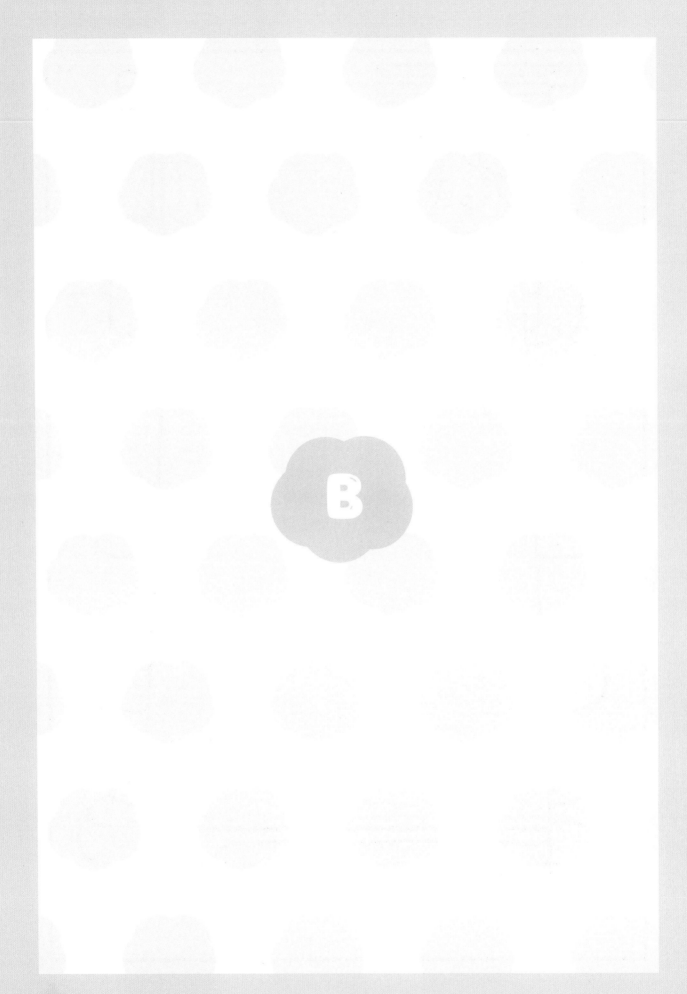

토깽이
딸기 아이스크림

토토
바닐라 아이스크림

냥냥
초코 아이스크림

몽실
소다 아이스크림

달콤
소프트콘
콘테스트

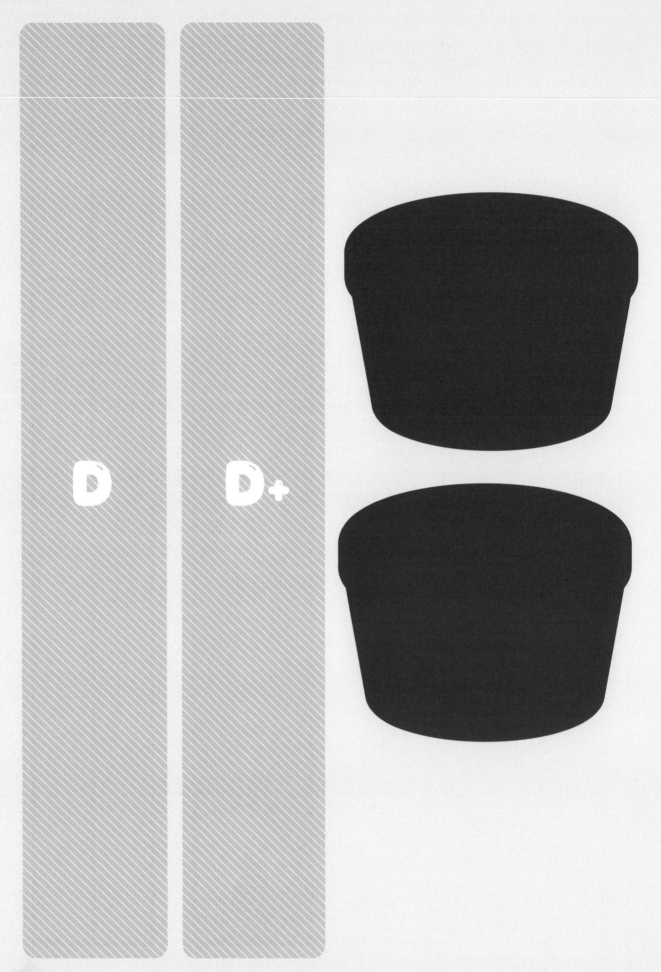

D   D+

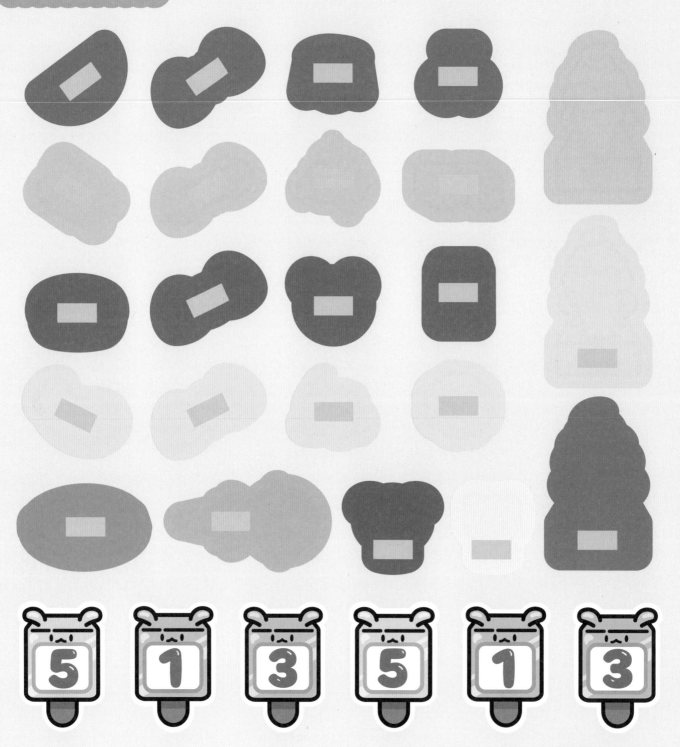

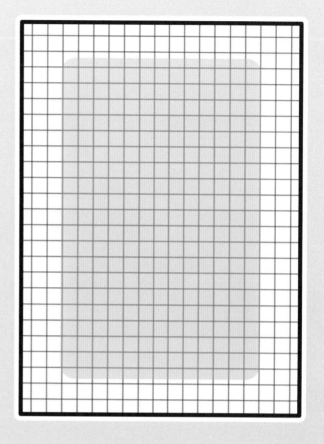

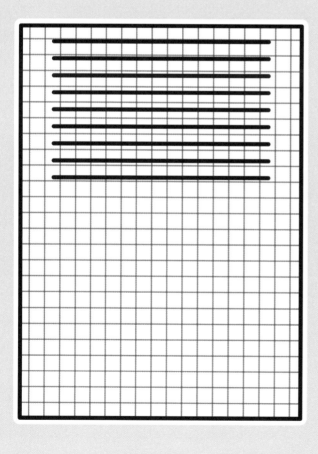

113

④아이돌 포토카드 꾸미기

소워니놀이터

아이돌 포토카드 꾸미기

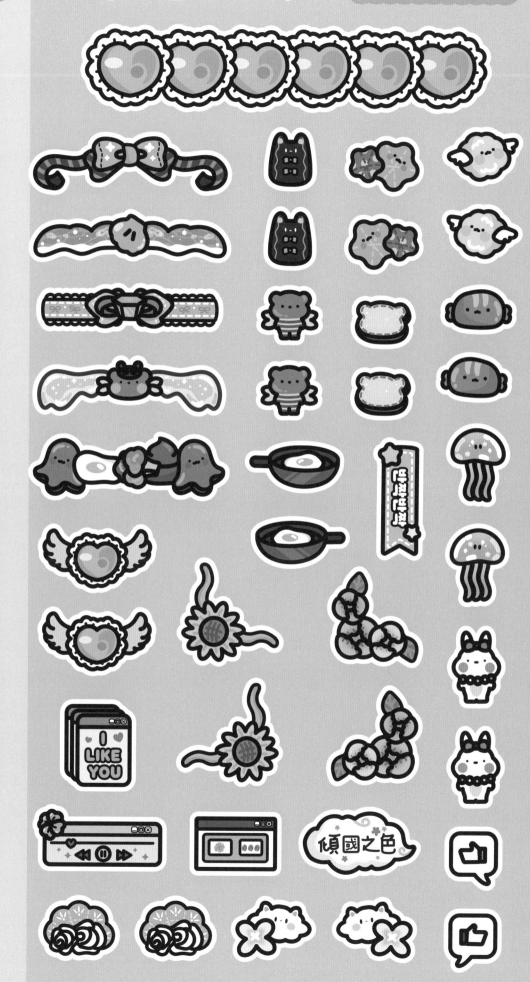

투영 테이프 / 양면 코팅

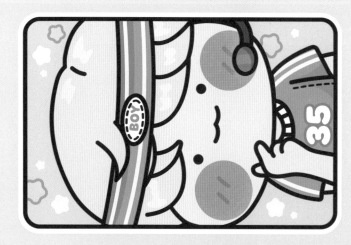

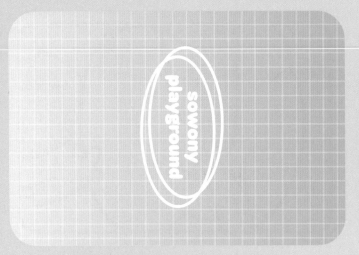

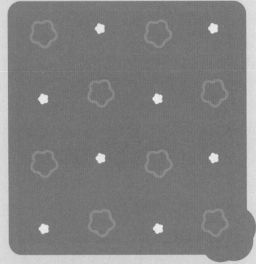
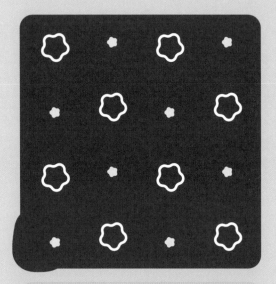
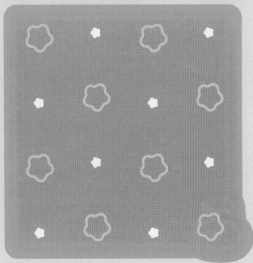

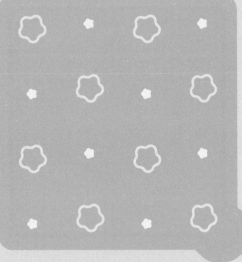

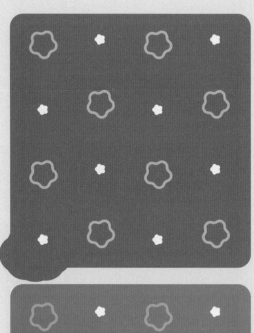

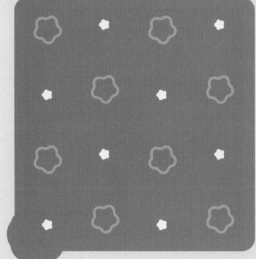

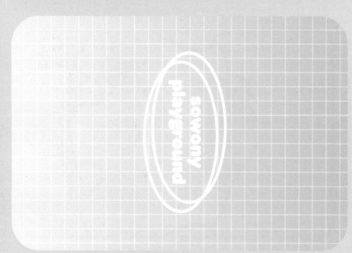

투명 테이프 / 양면 코팅

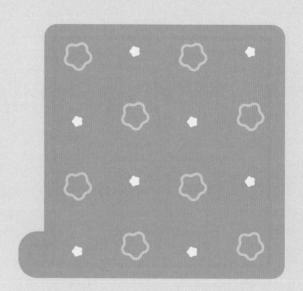

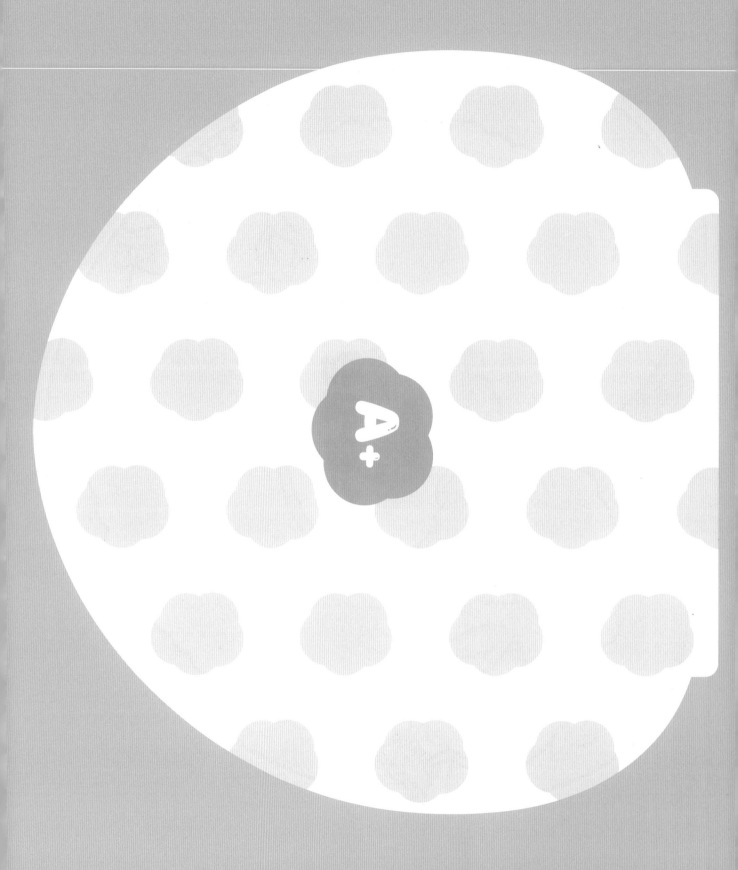

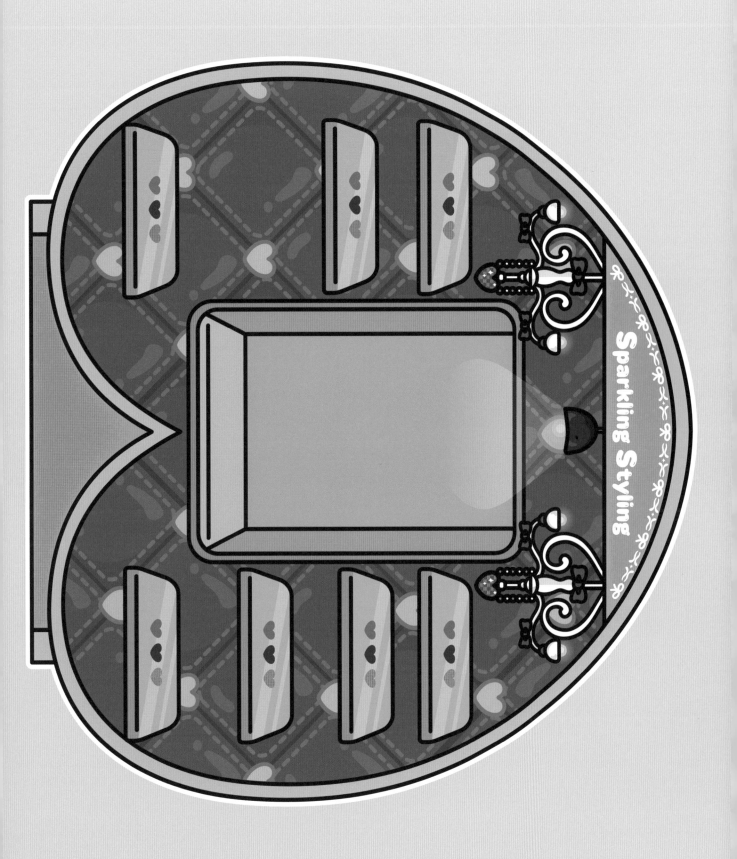

Sparkling Styling

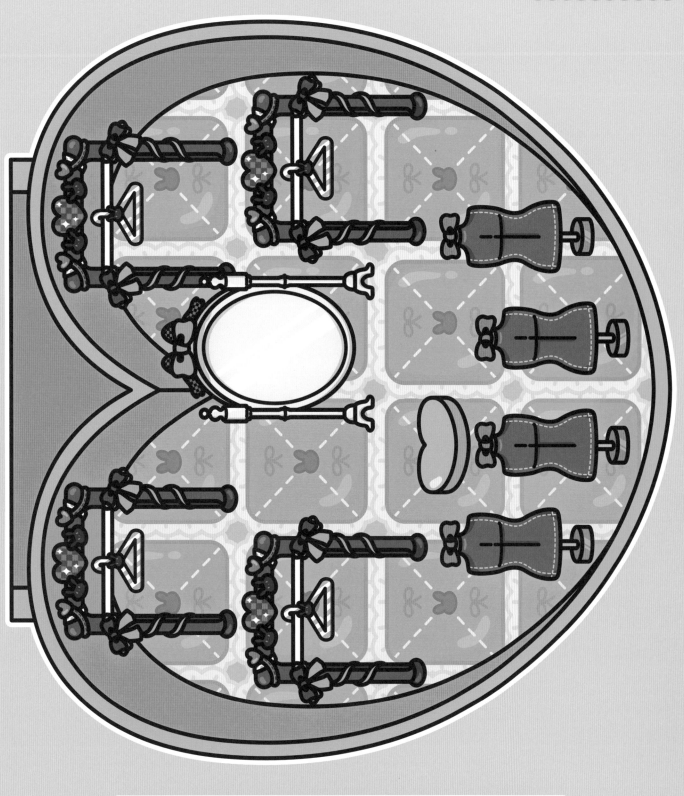

손코팅지 / 양면 코팅

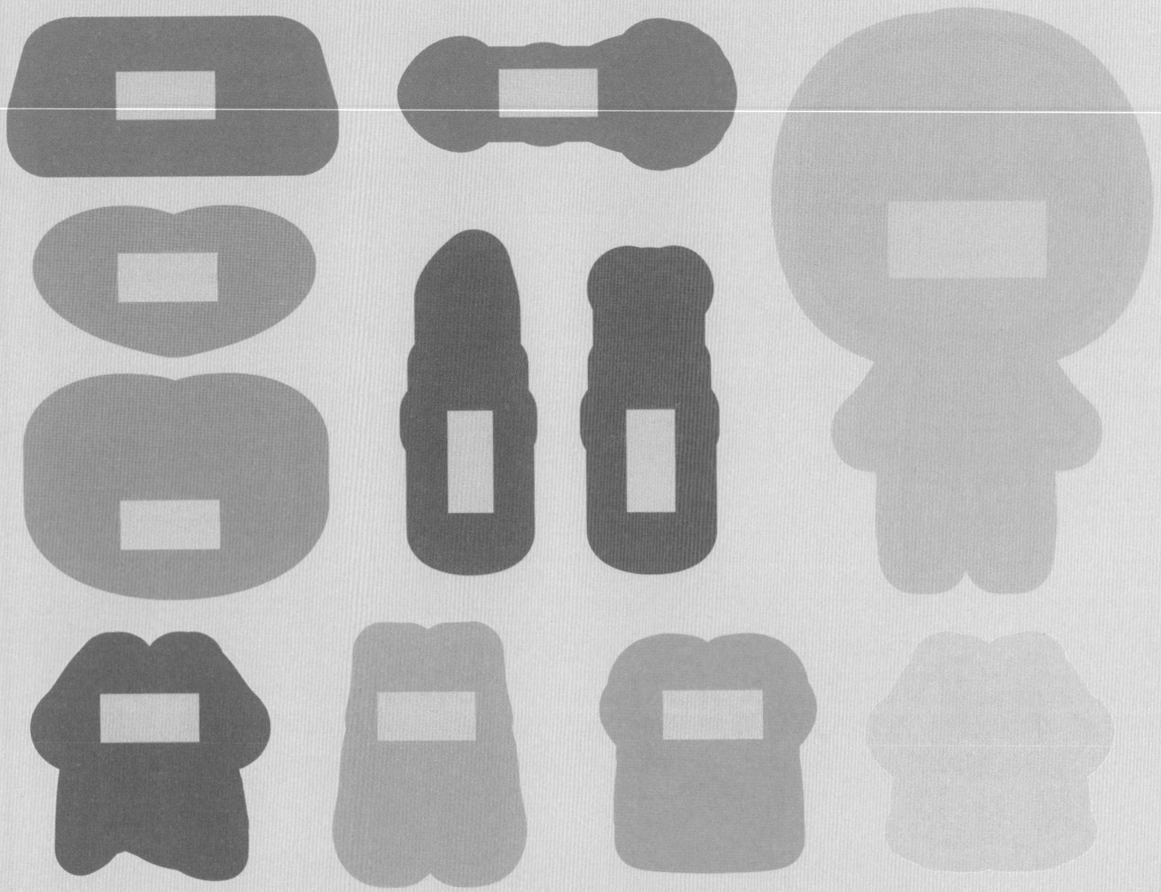

투명 테이프 / 양면 코팅

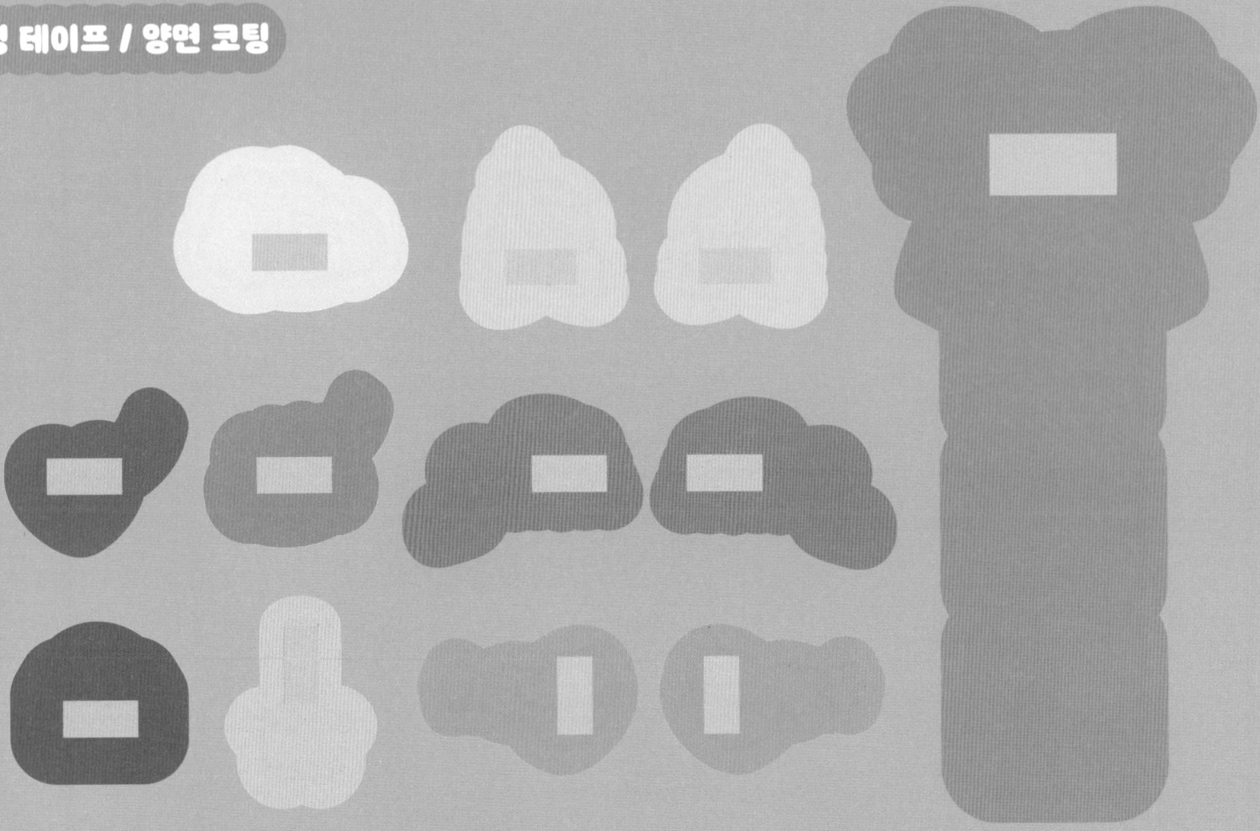

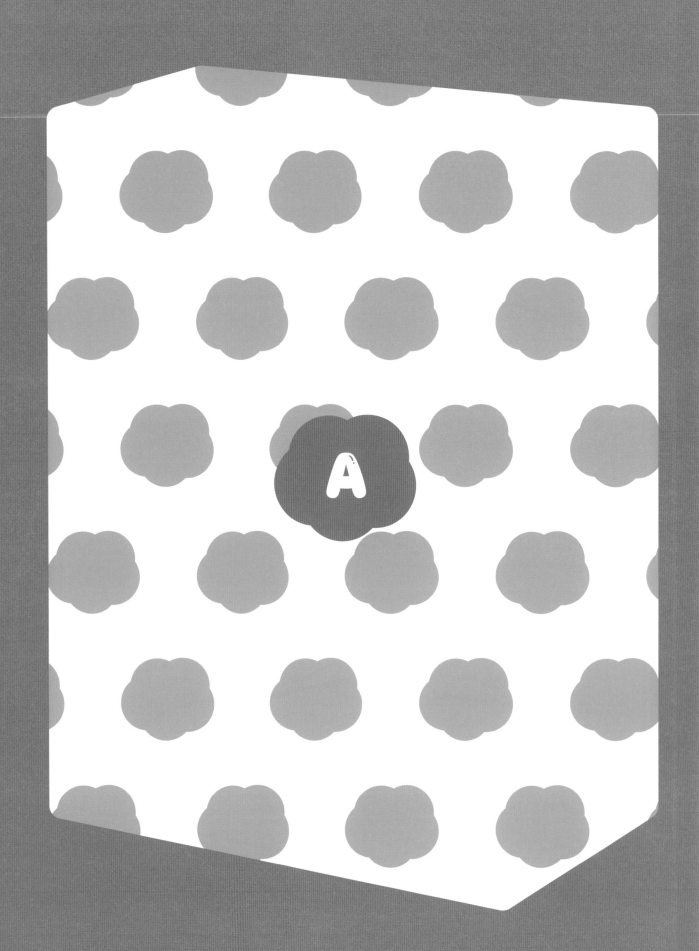

Apple House

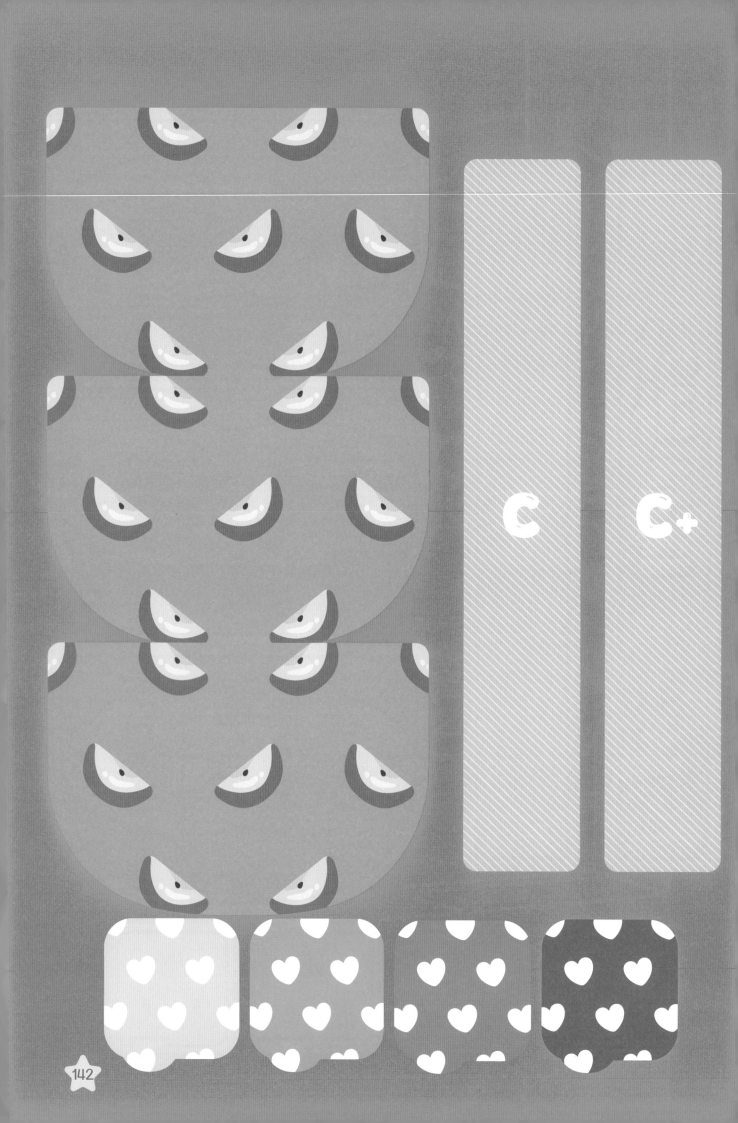

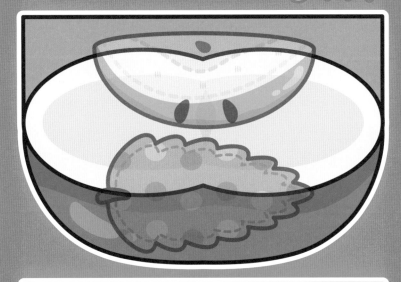

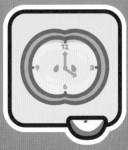

143

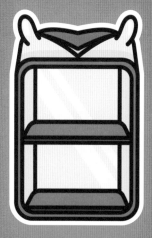

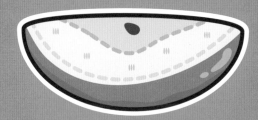

손코팅지 / 양면 코팅

투명 테이프 / 양면 코팅

손코팅지 / 양면 코팅

소워니놀이터

천사 & 악마
마을 꾸미기

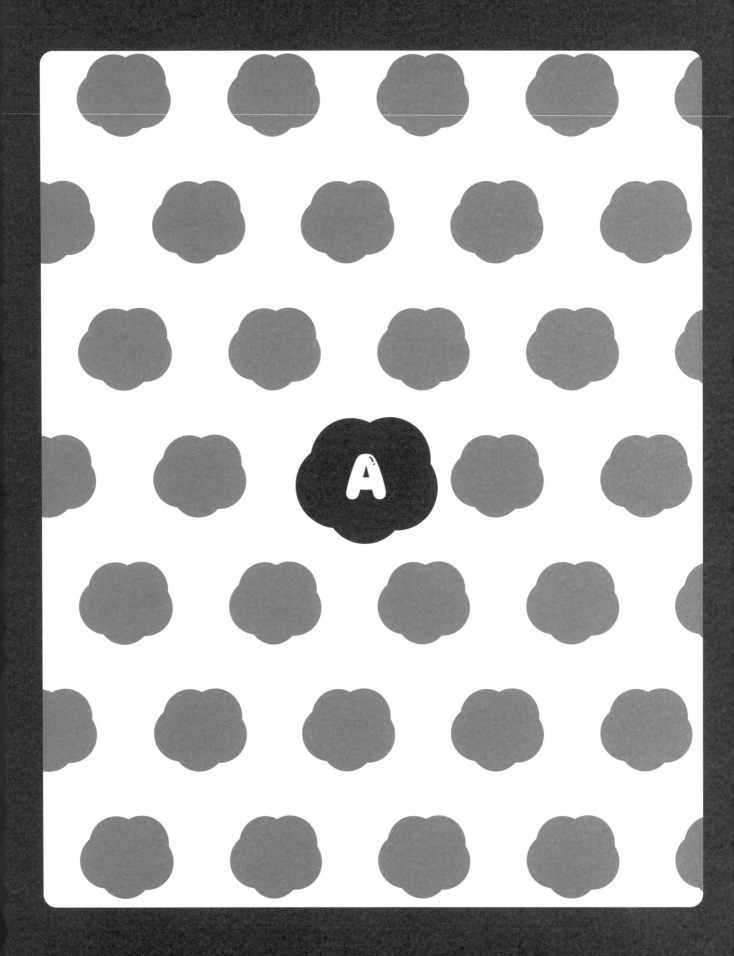

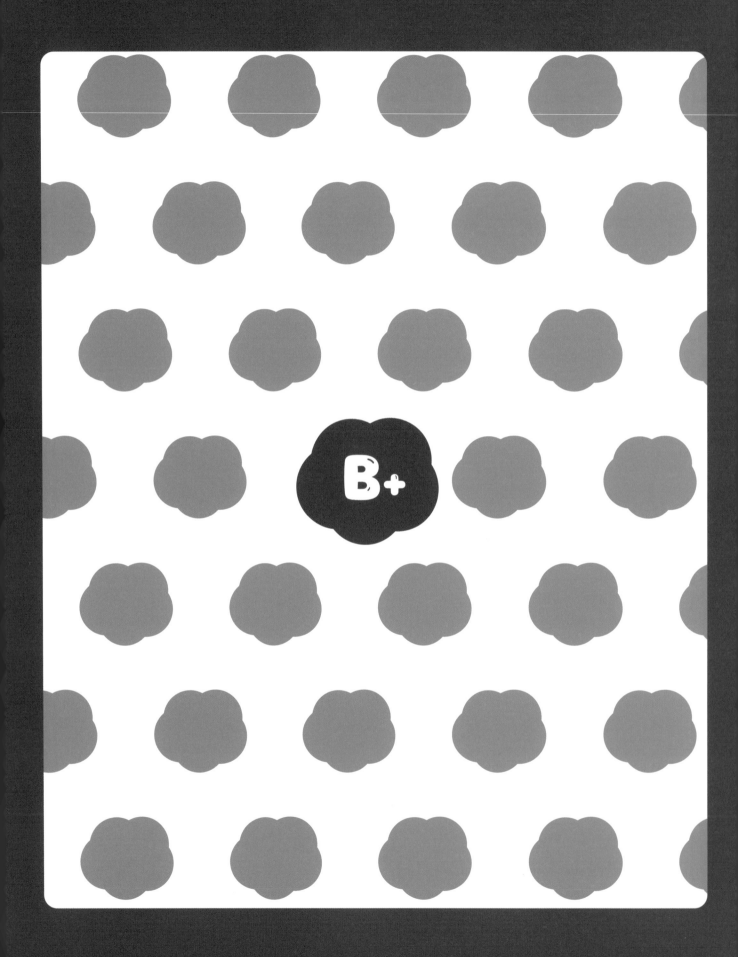

소워니놀이터

천사 & 악마
마을 꾸미기

⑤ 천사&악마 마을 꾸미기

소워니놀이터

천사 & 악마 마을 꾸미기

C   C+

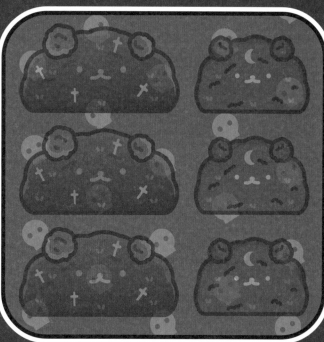

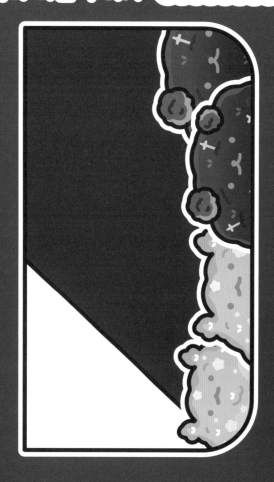

투명 테이프 / 양면 코팅

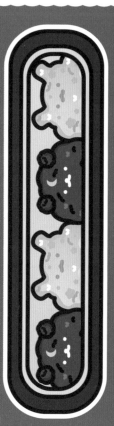

손코팅지 / 양면 코팅

투명 테이프 / 양면 코팅

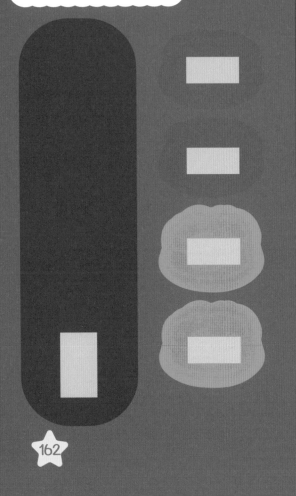

손코팅지 / 양면 코팅

162

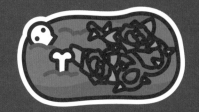

손코팅지 / 양면 코팅

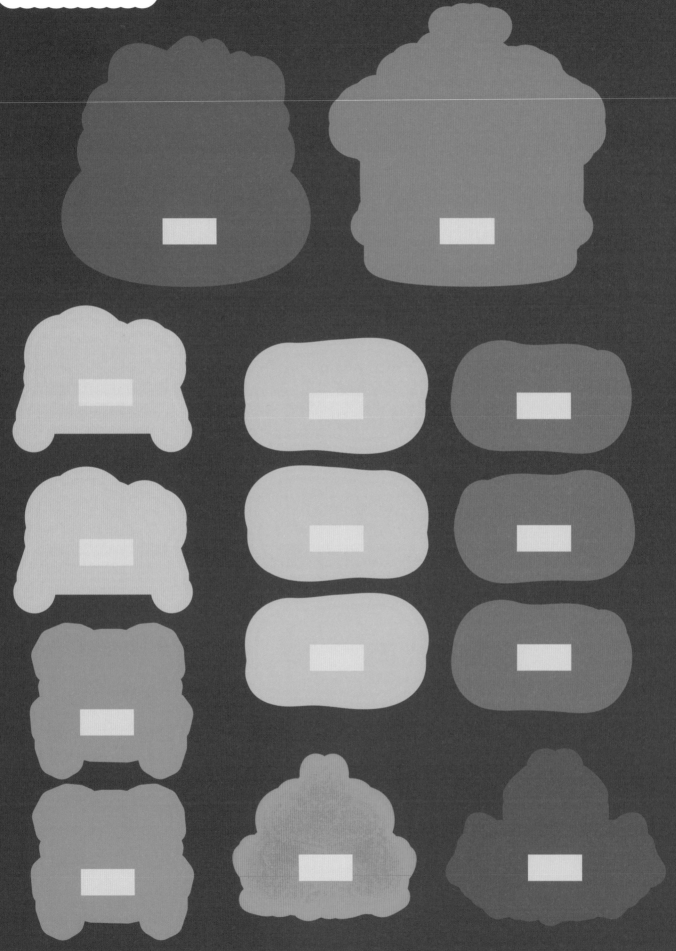

소워니놀이터

딸기 우유
토끼 키우기

④ 딸기우유 토끼 키우기　손코팅지 / 단면 코팅

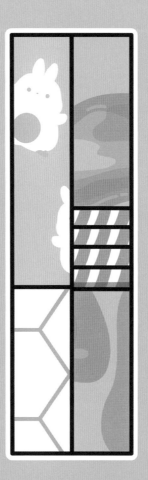

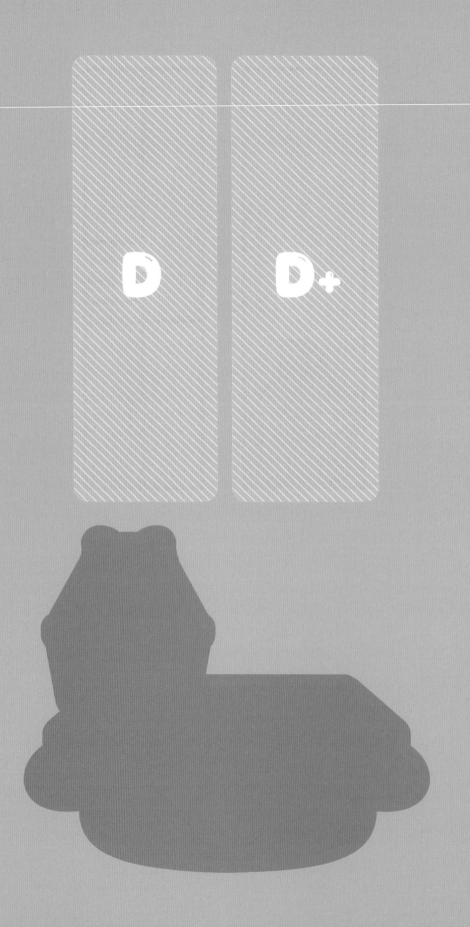

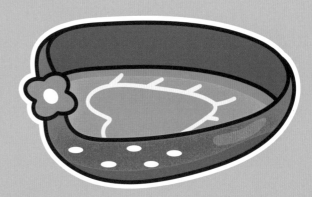

입양중
성별 : 암컷
특징 : 순한 얼굴
나이 : 4살
몸무게 : 3kg
귀염 뽀종 kcal

입양중
성별 : 암컷
특징 : 뽀글 털
나이 : 5살
몸무게 : 3.8kg
차분 암전 kcal

입양중
성별 : 수컷
특징 : 처진 귀
나이 : 4살
몸무게 : 2.5kg
반짝 초롱 kcal

입양중
성별 : 수컷
특징 : 덤덤함
나이 : 3살
몸무게 : 4kg
말랑 뽀짝 kcal

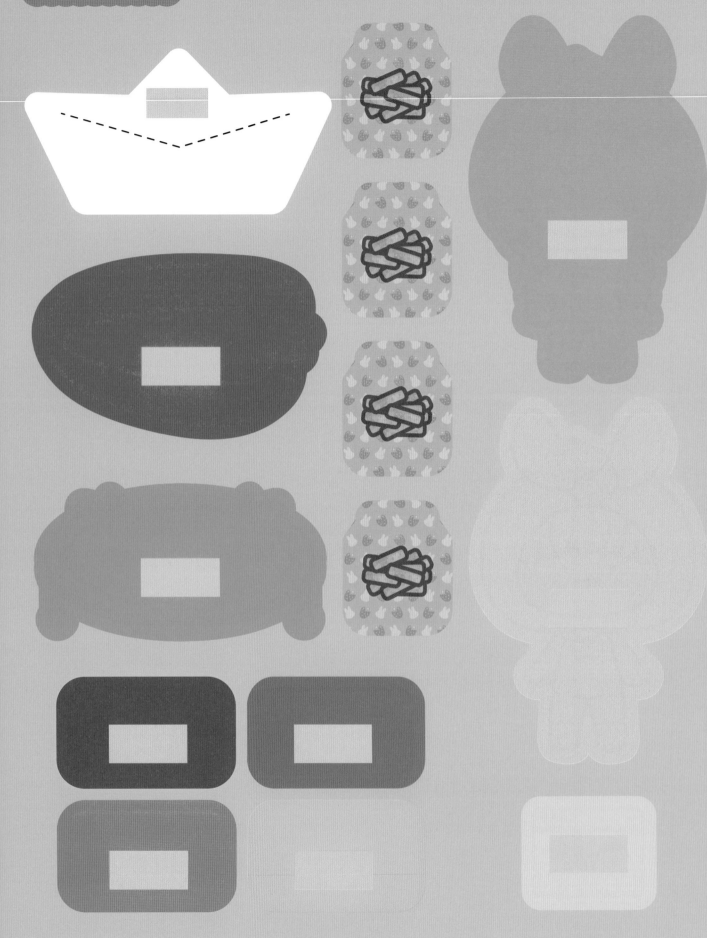

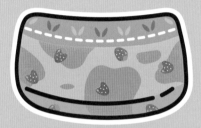
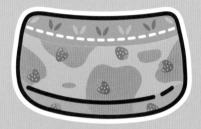

투명 테이프 / 양면 코팅

손코팅지 / 양면 코팅

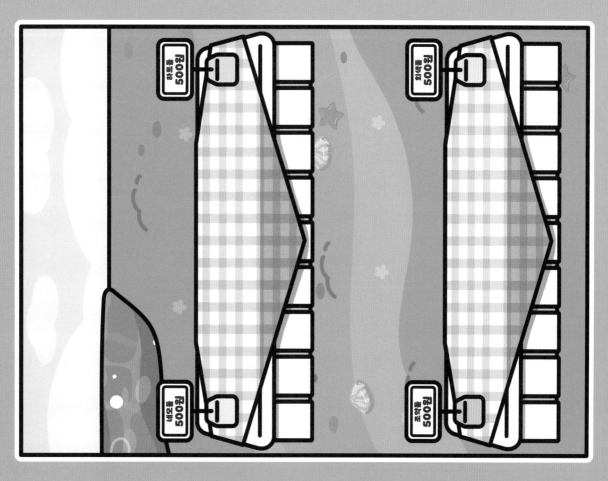

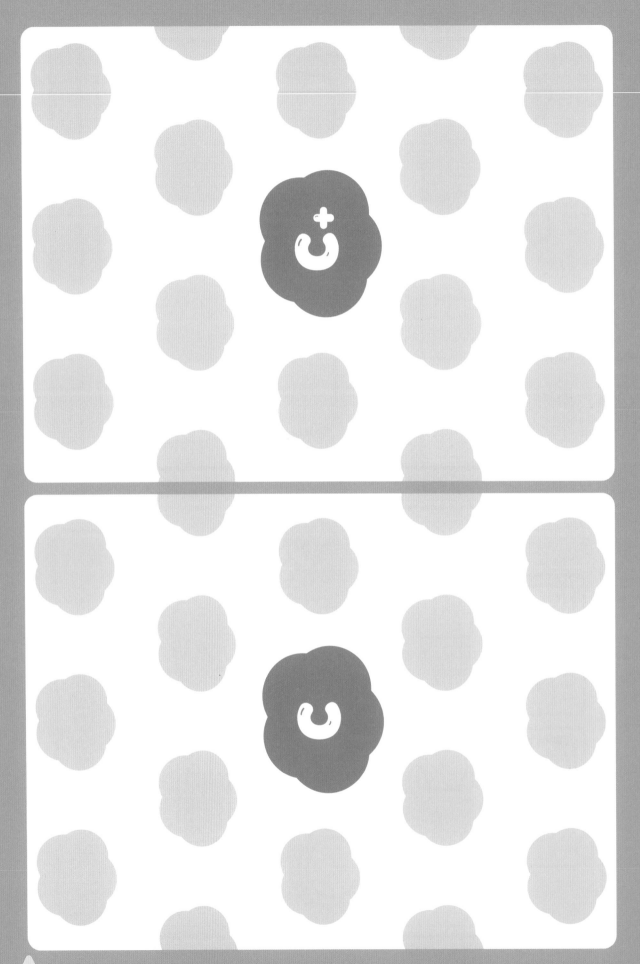

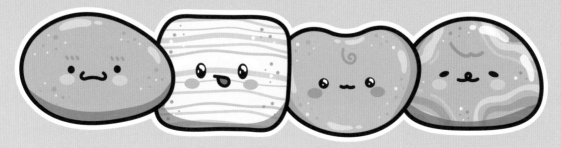

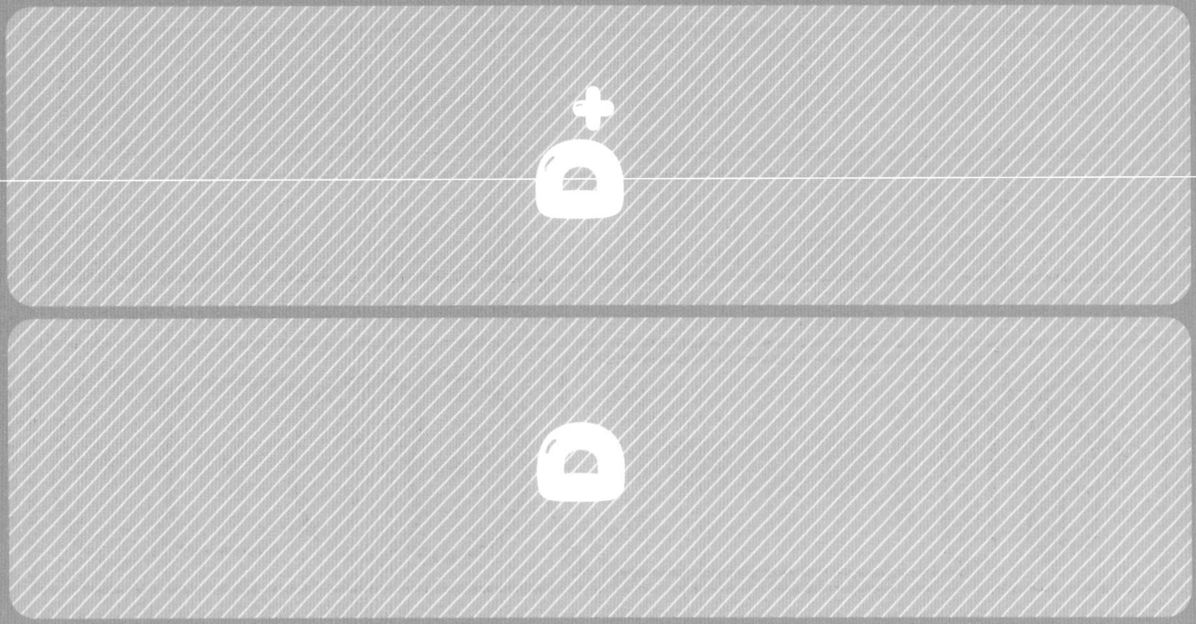

투명 테이프 / 양면 코팅

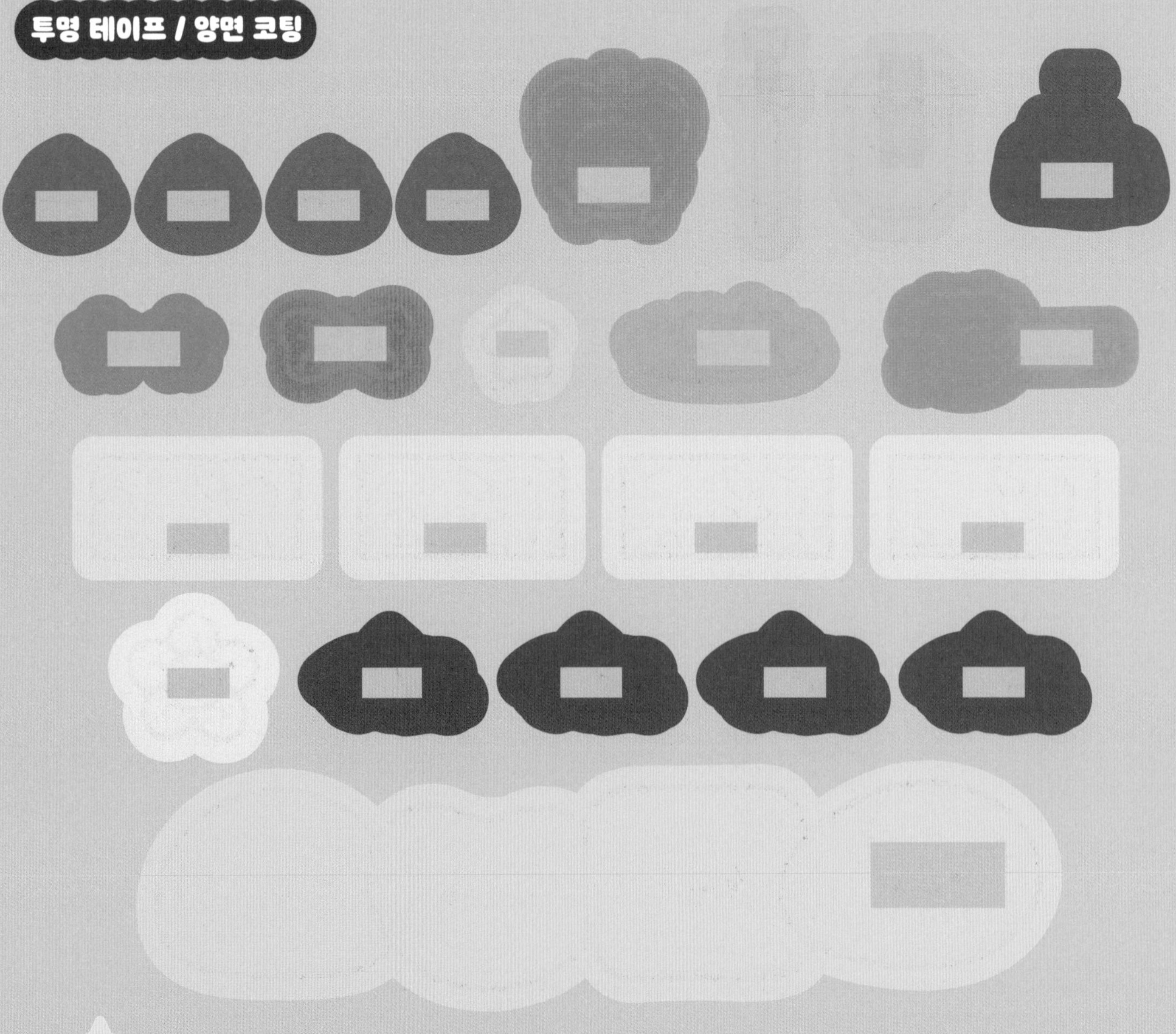

CARD

NAVAR

애완돌 키우는 방법 | 검색

애완돌 키우는 방법이 있나요?
답변 | 돌 전문가
잘 씻겨주고 오일도 자주 발라주세요!
채택 부탁드려요~ 내공 남남

화장실

욕조

스톤 세럼

주민등록증
123456 - 7891011
회색돌
MBTI : INFP
2024 . 10 . 12

주민등록증
368469 - 9810046
네모돌
MBTI : ESTJ
2024 . 10 . 12

주민등록증
121314 - 1524345
하트돌
MBTI : ISTP
2024 . 10 . 12

주민등록증
121314 - 1524345
조약돌
MBTI : ENTP
2024 . 10 . 12

Mini 금고

진짜
중요한 거

사장님

1 2 3
4 5 6
7 8 9
0

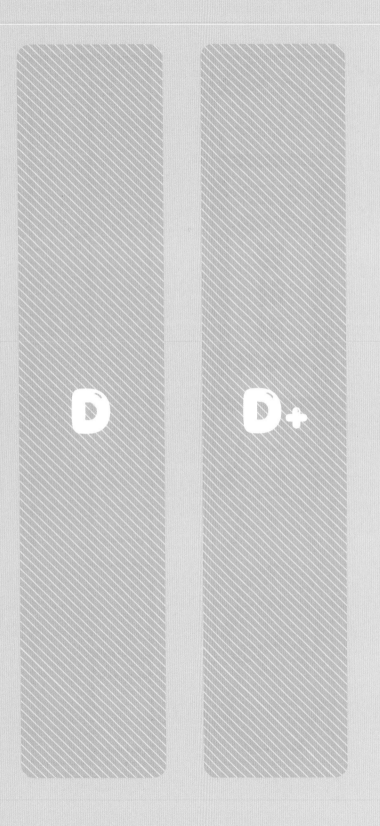

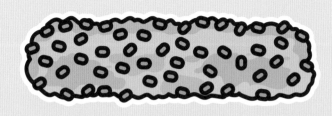

※ 사료 먹을 때 건드리지 마시오 ※
아주 귀엽게 포악해집니다!

꼬꼬 & 삐약 사료

삐약 욕조

투영 테이프 / 양면 코팅

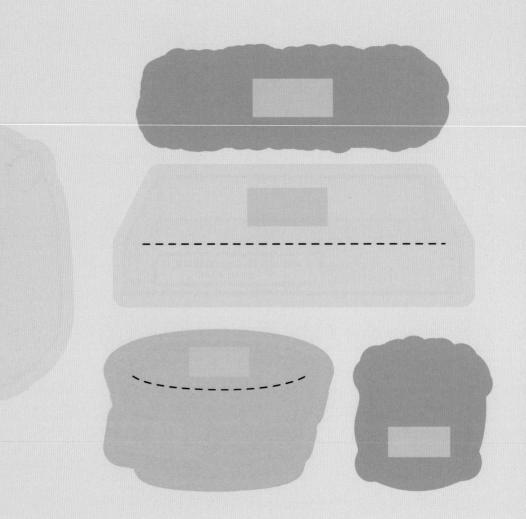

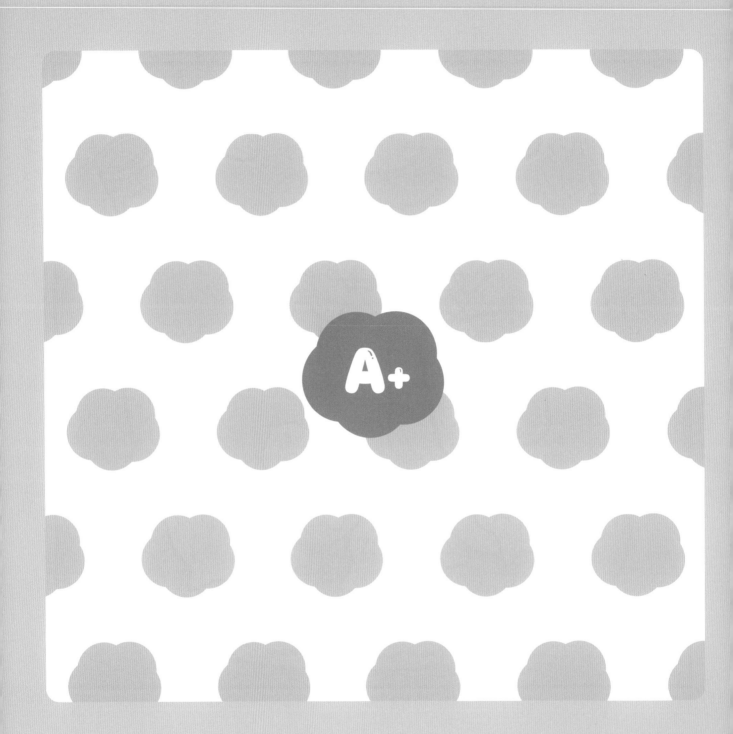

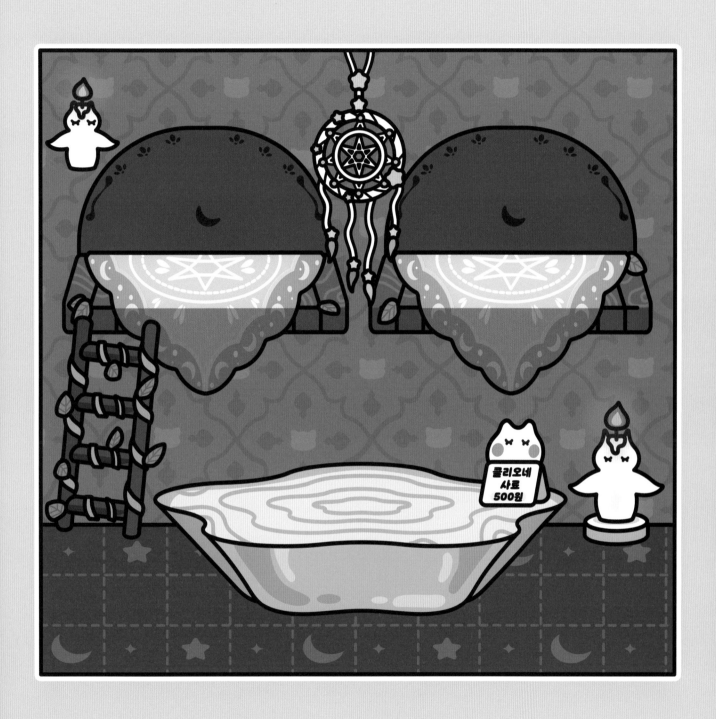

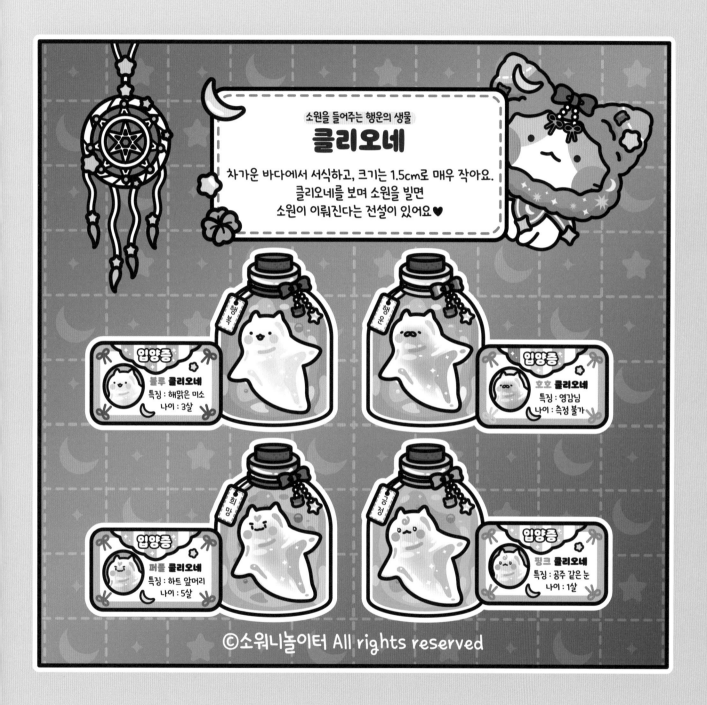

소원을 들어주는 행운의 생물

클리오네

차가운 바다에서 서식하고, 크기는 1.5cm로 매우 작아요.
클리오네를 보며 소원을 빌면
소원이 이뤄진다는 전설이 있어요 ♥

행복

운행

입양증

블루 클리오네
특징 : 해맑은 미소
나이 : 3살

호호 클리오네
특징 : 영감님
나이 : 측정 불가

희망

긍정

입양증

퍼플 클리오네
특징 : 하트 앞머리
나이 : 5살

핑크 클리오네
특징 : 공주 같은 눈
나이 : 1살

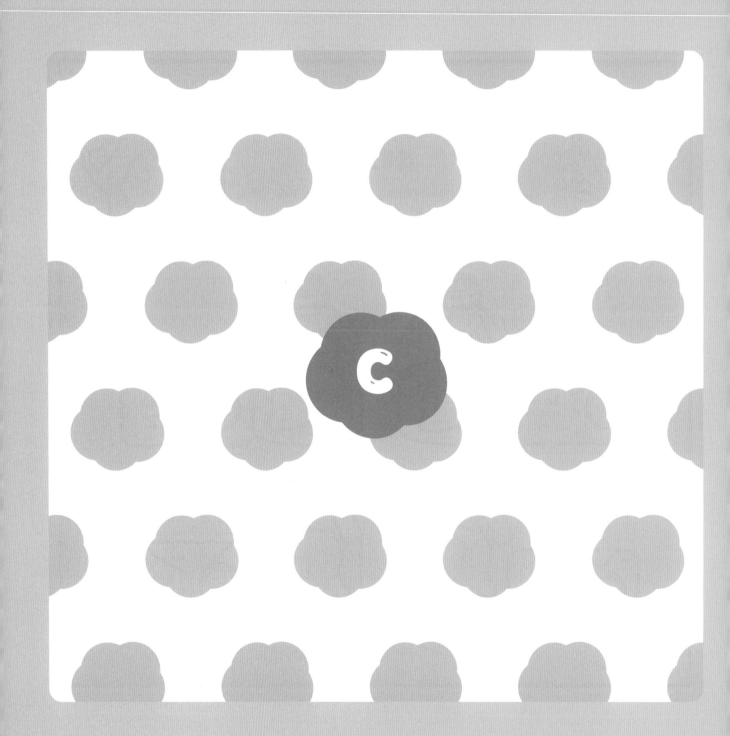

⑦ 신비로운 클리오네 키우기 투명 테이프 / 양연 코팅

소워니놀이터

신비로운
클리오네
키우기

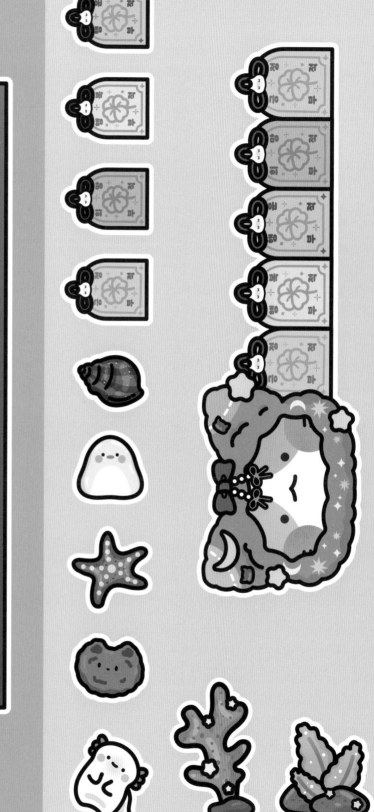

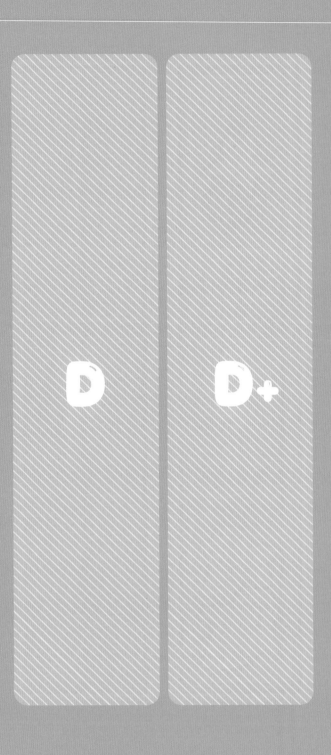

입양증
퍼플 클리오네
특징 : 하트 앞머리
나이 : 5살

입양증
핑크 클리오네
특징 : 공주 같은 눈
나이 : 1살

입양증
블루 클리오네
특징 : 해맑은 미소
나이 : 3살

입양증
호호 클리오네
특징 : 영감님
나이 : 측정 불가

손코팅지 / 양면 코팅

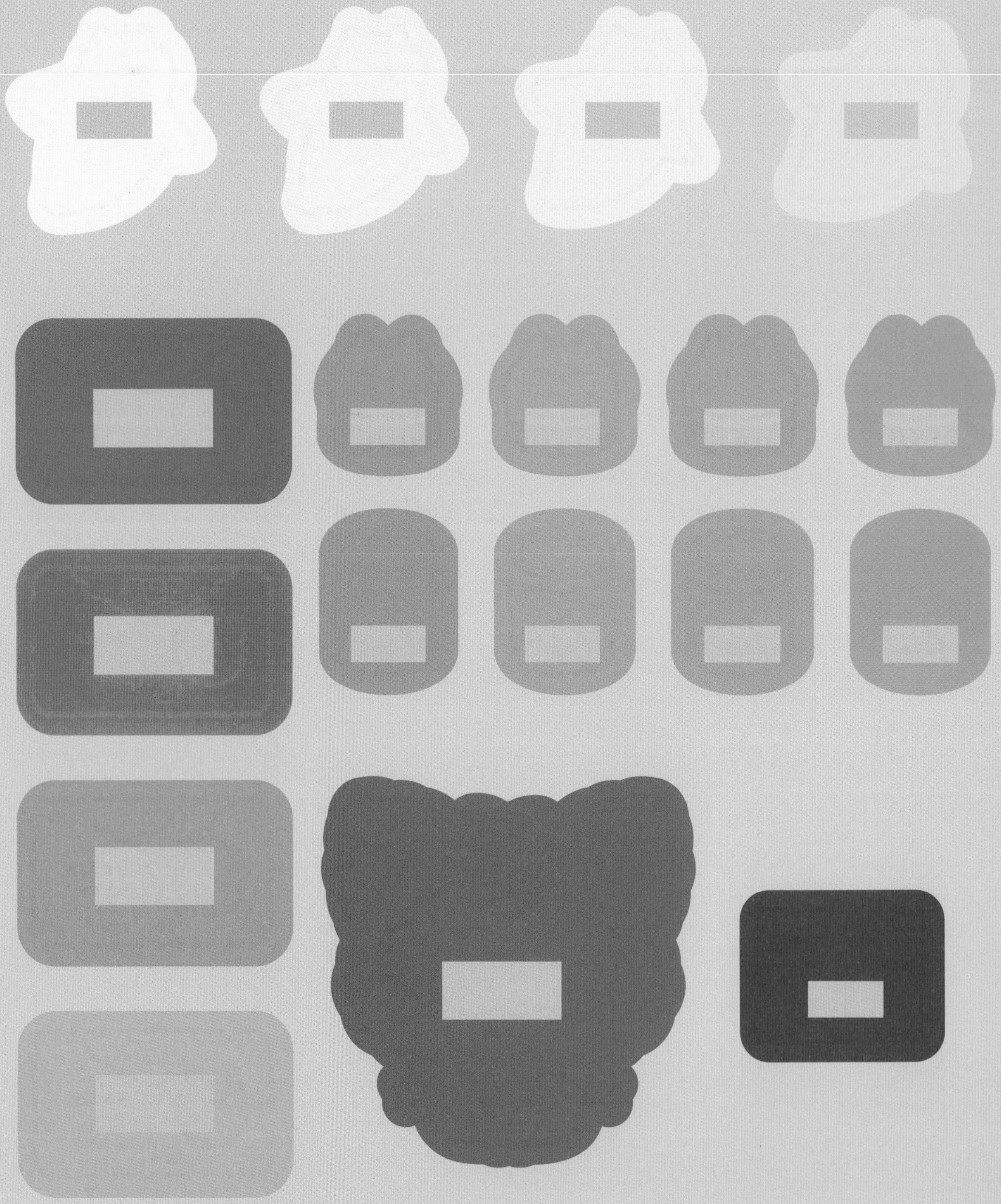

손코팅지 / 양면 코팅

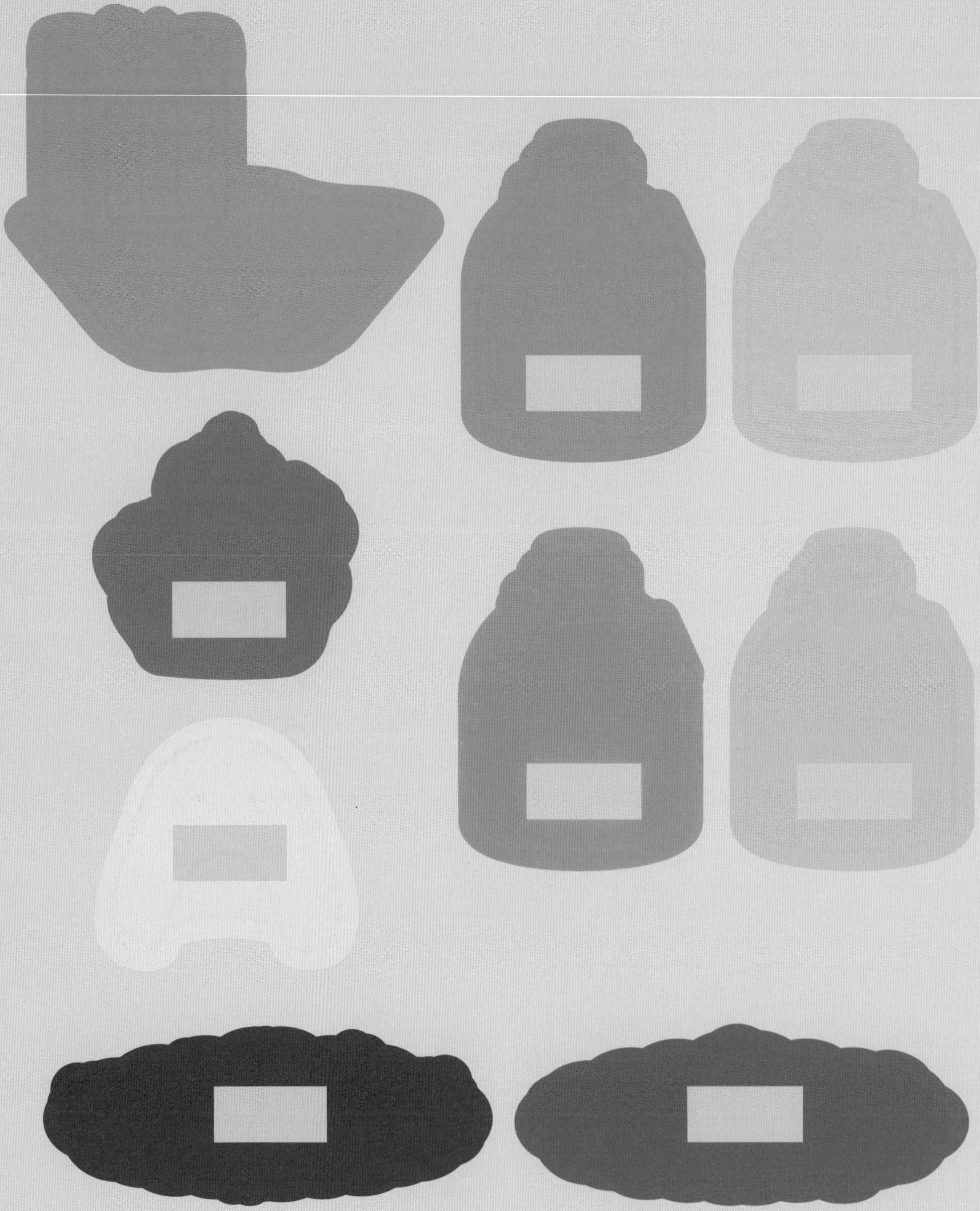

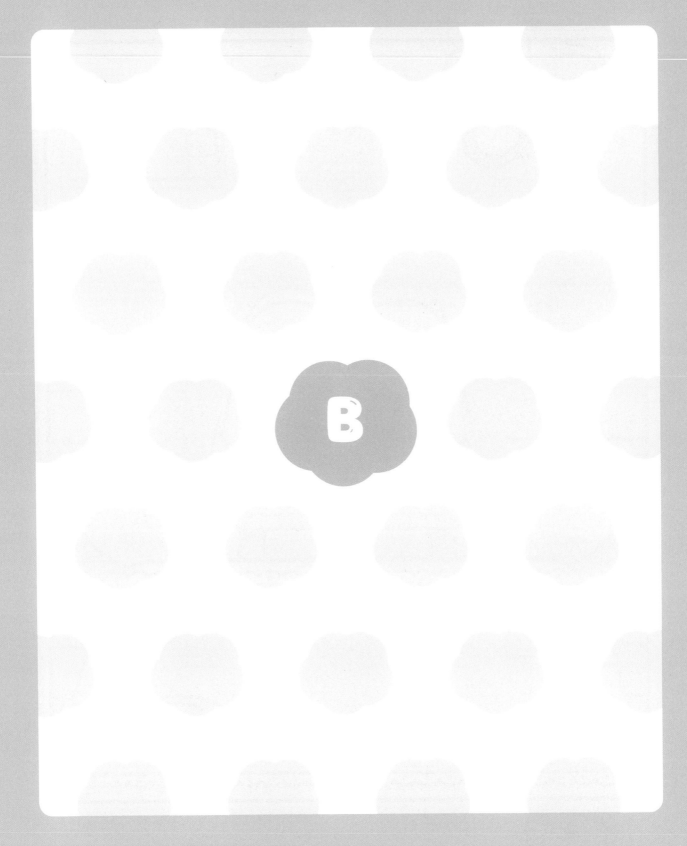

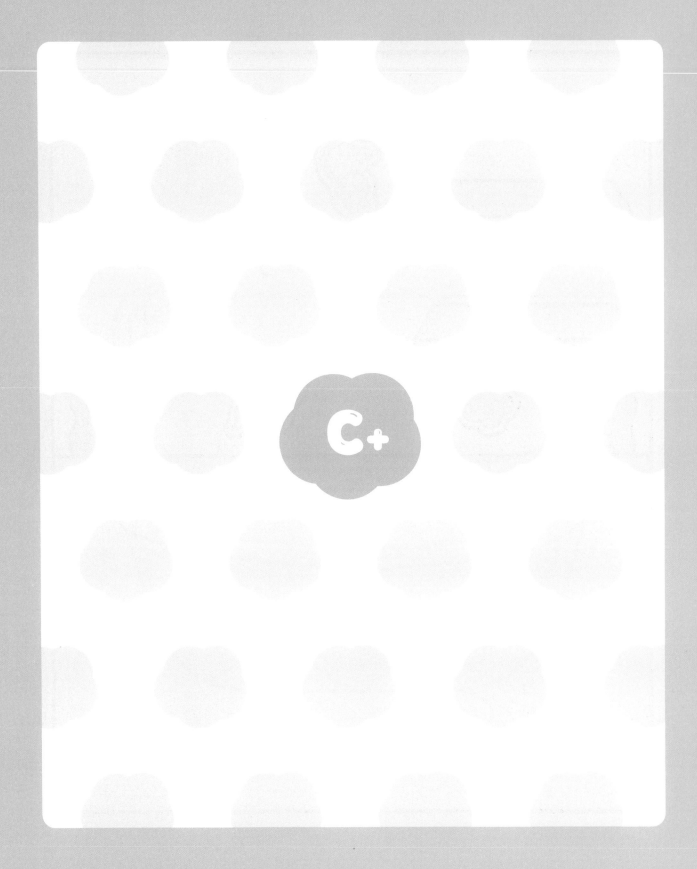

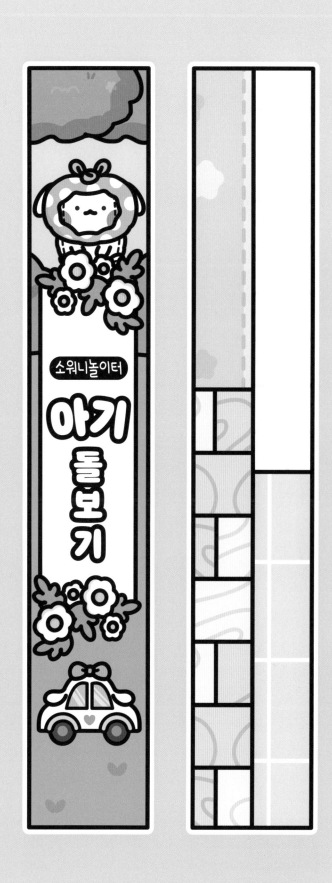

소워니놀이터

아기 돌보기

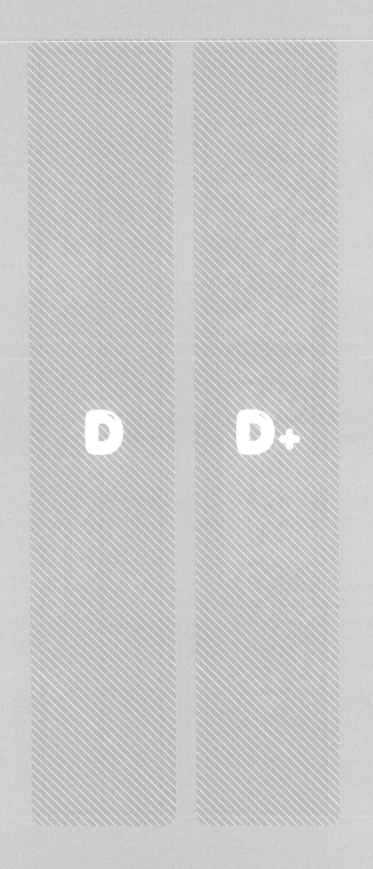

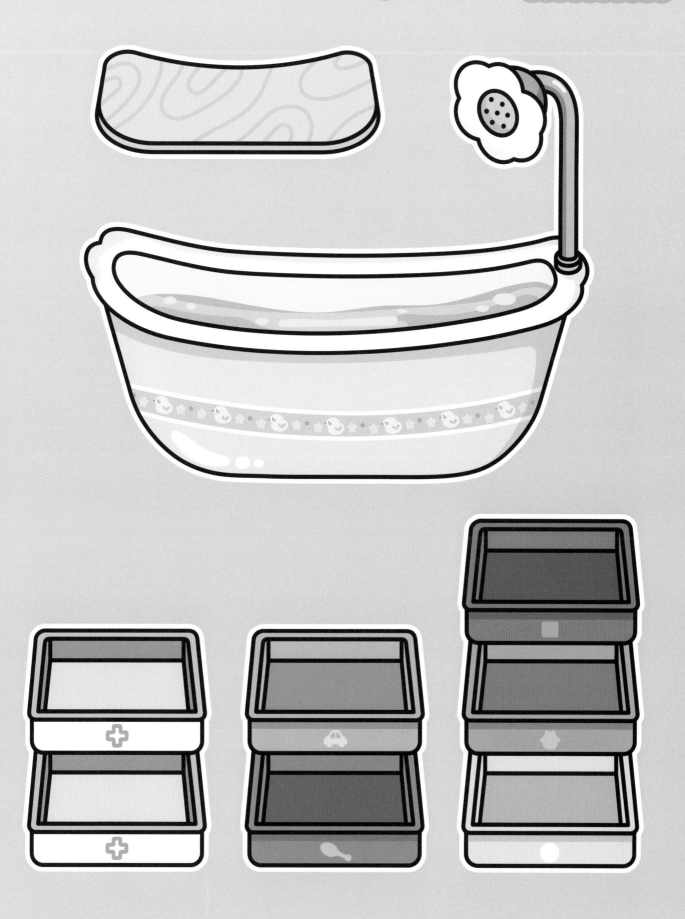

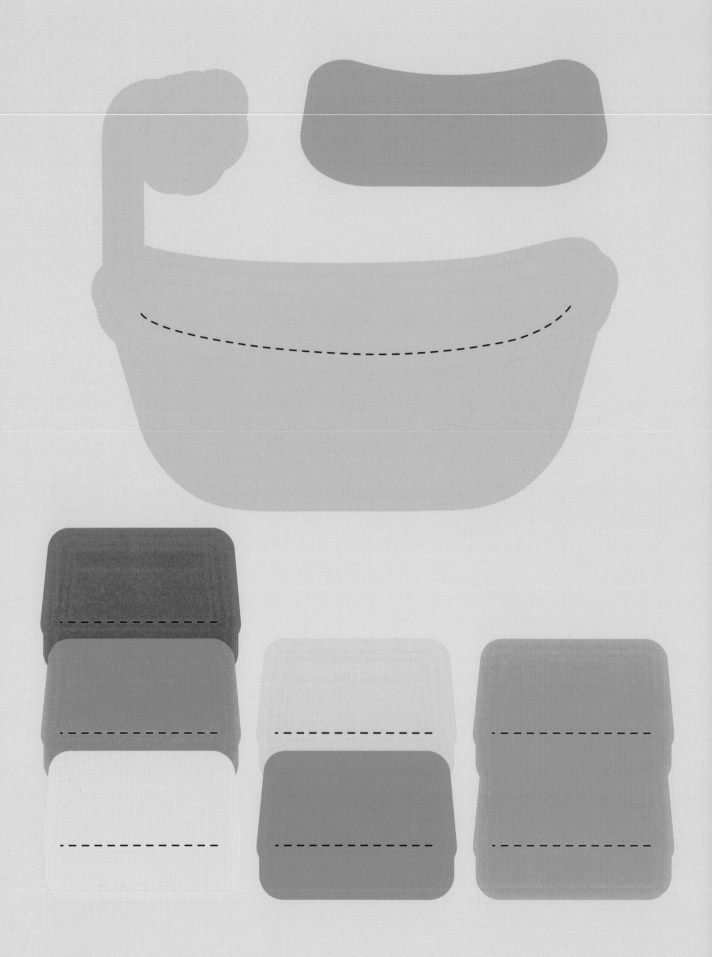

fd

초판 1쇄 발행 2025년 3월 28일

지은이 조윤성(소워니놀이터)
펴낸곳 ㈜에스제이더블유인터내셔널
펴낸이 양홍걸 이시원

홈페이지 siwonbooks.com
블로그 · 인스타 · 페이스북 siwonbooks
주소 서울시 영등포구 영신로 166 시원스쿨
구입 문의 02)2014-8151
고객센터 02)6409-0878

ISBN 979-11-6150-956-3 13630

시원북스는 ㈜에스제이더블유인터내셔널의 단행본 브랜드
입니다.

독자 여러분의 투고를 기다립니다.
책에 관한 아이디어나 투고를 보내주세요.
siwonbooks@siwonschool.com